rowohlt
PAPERBACK

Peter Lauster

Die EROTIKformel

Leidenschaftlich leben
in Liebesbeziehungen

Rowohlt Taschenbuch Verlag

Originalausgabe
Veröffentlicht im Rowohlt Taschenbuch Verlag,
Reinbek bei Hamburg, September 2005

Redaktion Dr. Gabriele Schweickhardt
Aquarelle Peter Lauster
Umschlaggestaltung PEPPERZAK BRAND
(Foto: zefaimages/surce sale/Maimilian Stock Ltd.)
Satz Proforma PostScript (QuarkXPress)
im Verlag
Druck und Bindung Druckerei C. H. Beck, Nördlingen
Printed in Germany
ISBN 3 499 62022 7

Die EROTIKformel

«Der zynische Volksmund behauptet, Liebe sei blind. In Wirklichkeit sind aber vielleicht diejenigen blind, die da nicht lieben und daher nicht erkennen, wie schön und wie liebenswert die Welt ist.»

Aldous Huxley

Inhalt

Vorwort

Sex ist ein eher einfaches Thema, Erotik halte ich dagegen für viel schwieriger und interessanter. Liebe, Partnerschaft und Beziehungen, das sind die Lieblingsthemen der Medien. Was ist Erotik, und was ist Liebe? Wie kann man das definieren? Worin sind beide voneinander zu unterscheiden? Solchen Fragen werden wir in diesem Buch nachgehen.

Welche Streiche spielt uns bei der Beantwortung dieser Fragen das Denken? Kann unsere Seele sich vom Denken befreien und lösen? Gibt es eine solche Freiheit, oder ist sie womöglich eine Illusion? Ist Erotik in einer Beziehung konservierbar, kann man sie festhalten, planen und wiederholen?

Können wir auch allein sein und dabei glücklich und liebend leben? Ist darin Freiheit zu finden? Können wir erotische Glücksgefühle, die im Gedächtnis gespeichert wurden, «auf Knopfdruck» abrufen und wiederbeleben? Oder können sich Erotik und Liebe stets neu ereignen? Der Wiederholungswunsch kommt aus dem Denken, das ist verständlich. Aber ist er dann auch realisierbar?

Wir nähern uns in diesem Buch gemeinsam den Phänomenen Erotik und Liebe an, um sie besser verstehen zu können. Es geht dabei nicht um «will» oder «soll». Ich möchte gemeinsam mit Ihnen an den Ursprung gelangen.

Ich entwickle in diesem Buch keine «Theorien», sondern wir betrachten gemeinsam die ganz konkrete Praxis im Alltag. Lassen Sie sich bitte nicht vom Inhaltsverzeichnis dazu verleiten, die Kapitel oder Abschnitte zuerst zu lesen, die Ihnen interessant erscheinen. Das führt nur zu einer Verwirrung, denn die Themen der sieben Kapitel gehen vom Anfang bis zum Ende auseinander hervor, sie bauen also sukzessive aufeinander auf.

Der Ursprung dieses Buches basiert auf einem Seminar, das ich für an den Themen Partnerschaft, Beziehung, Liebe, Verliebtheit und Erotik Interessierte durchgeführt habe. Alle Diskussionsbeiträge und Fragen stehen in Kursivschrift, andere Zitate in Anführungszeichen.

Liebe, verbunden mit erotischen Emotionen, gehört zum Schönsten, was der Mensch während seines Lebens erleben kann: Es geschieht eine Glückseligkeit, die jenseits des Denkens und unserer sozialen Konditionierungen in der Seele stattfindet. Das Wort «Liebe» sollte deshalb sehr differenziert betrachtet werden, denn darin sind auch Erotik und Freiheit enthalten.

Kapitel 1
Erotik in Körper, Geist und Seele

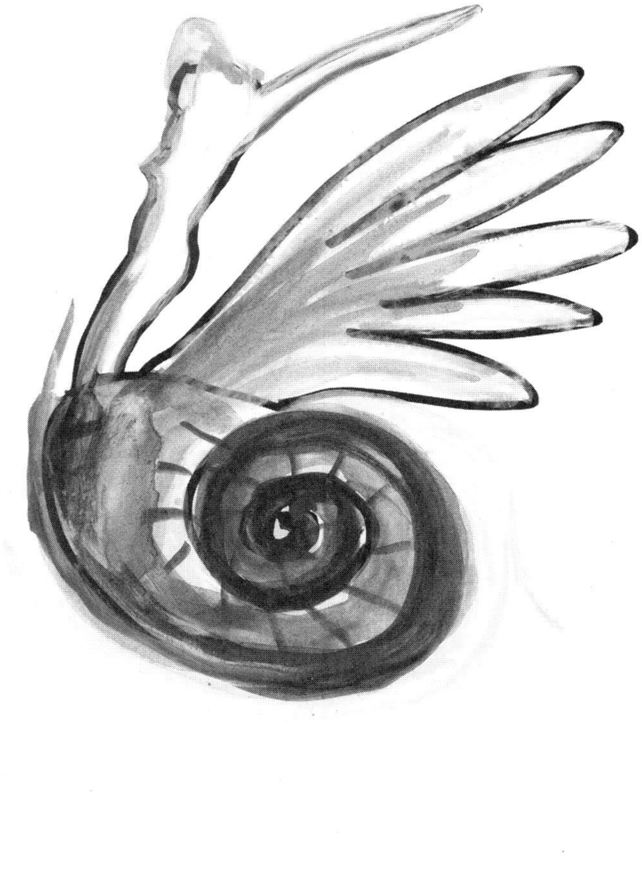

«Wo Liebe neu geboren wird,
wird das Leben neu geboren.»
Vincent van Gogh

Der Körper

Heute ist ein wunderschöner Herbsttag. Ihr solltet gegen Abend noch einen Spaziergang am Waldrand machen. Wir sind wegen unserer Beziehungs- und Partnerschaftskonflikte zu einem Seminar über Erotik zusammengekommen, um gemeinsam nach Lösungen zu suchen, weil wir unsicher wurden oder weil der Stress des Alltags die Erotik vertrieben hat. Einige sind auch hier, weil sie Bücher von mir gelesen haben und einfach neugierig sind, wie der Autor aussieht und sich in einem Seminar verhält. Und einige sind gekommen, weil ihnen kritische Einwände unter den Nägeln brennen, die sie mir einmal in einem persönlichen Gespräch vorhalten möchten.

Vorweg möchte ich als Erstes betonen: Ich bin kein Guru, der euch den Weg weisen will; das wäre einfach zu lächerlich. Wir gehen ein Stück Weges miteinander, wie gute Bekannte, die sich über das Leben und die Erotik Gedanken machen. Ich bin weder euer Guru noch ihr meine Anhänger, wir sind Gesprächspartner auf gleicher Augenhöhe. Dass ihr hierher gekommen seid, hat natürlich auch damit zu tun, dass ich als Autor einen bekannten Namen habe, andernfalls wäre wohl niemand gekommen. Aber dieser Name erhebt mich nicht oder gibt mir in den vor uns liegenden Tagen keinen Sonderstatus, obwohl einige ihn mir vielleicht bewusst oder unbewusst zuschreiben werden, was ich durchaus verstehen kann.

Ich möchte euch nicht belehren, darauf habe ich auch in meinen Büchern immer wieder hingewiesen. Wollte ich euch belehren, läge mein Ehrgeiz darin, euch zu überzeugen. Dann ginge es mir um mein Ego, ich wäre der Lehrende und ihr meine Schülerinnen und Schüler. Das Ego eines Lebenslehrers ist oft verfangen in der Absicht, ein guter Lehrer zu sein, was immer man darunter auch verstehen mag. Am Ende steht der Leistungsgedanke, die Schüler geschult und mit Wissen versorgt zu haben. Darum geht es uns hier nicht. Ich vermittle euch kein Wissen, keinen Wissensstoff, den man am Schluss in einer Prüfung abfragen könnte.

Wir machen uns gemeinsam auf den Weg, uns selbst zu erforschen und zu finden. Ich halte es für sehr wichtig, gemeinsam zu forschen und zu entdecken. Unser erstes Thema ist die Erotik in Körper, Geist und Seele. Beginnen wir mit unserem Körper, denn er ist unsere elementare biologische Lebensgrundlage. Ein gesunder Körper ist überaus wichtig. Jeder, der einmal krank war, hat das ganz deutlich selbst erlebt. Ein Grippevirus kann den Körper ganz schnell durch Fieber zur Bettruhe zwingen. Die Gesundheit des Körpers ist also von großer Bedeutung. Und der Körper ist in der Erotik von elementarer Wichtigkeit.

Schaut einfach mal in unsere aktuelle Gesellschaft: Der Körper spielt eine große Rolle. Körperliche Schönheit und Fitness – Frauen- und Männermagazine sind voll von diesen Themen. Überall findest du Fitnessprogramme, Diätvorschläge, Gesundheitstipps und Berichte über Schönheits-OPs. Und zur körperlichen Schönheit gehört offenbar entsprechend dem Zeitgeist auch ein gebräunter Teint. Deshalb sind Solarien in jeder Stadt, in jedem Stadtteil präsent. Und die Ferienorte in Europa werben mit Hotels, die vielfältige Wellnessprogramme anbieten. Wellness für den Körper steht in der Touristikwerbung an oberster Stelle.

Dagegen gibt es nun auch eigentlich nichts einzuwenden. Oder etwa doch? Ein gesunder und fitter Körper ist ja optisch ansprechend und wirkt dadurch erotisch. Oder etwa nicht? Die Körpererscheinung ist das Allererste, was man wahrnimmt, wenn man einem Mann oder einer Frau begegnet. Liegt dort vielleicht der eigentliche Ursprung der erotischen Ausstrahlung? Wenn das so wäre, bräuchte man sich dafür nicht zu schämen.

Aber andererseits sagen viele, es komme nicht auf solche Äußerlichkeiten an, sondern auf die so genannten inneren Werte, nämlich Seele und Geist. Das ist richtig, auf diese Werte kommt es sicherlich auch an. Seltsamerweise wird aber in den Massenmedien darüber nicht berichtet. Oder habt ihr dort Wellnessprogramme für den Geist gefunden oder Programme zur Entfaltung der Seele? Davon kann man keine Fotos machen; eine schöne Seele entzieht sich der Fotografie, ein interessanter Geist ebenso.

Der Körper steht in den Medien im Zentrum, weil er sich abbilden lässt, er ist bildtauglich, auch im modernen Medium Internet. Die meistbesuchten Seiten sind Sexseiten – und sie zeigen Körper von Frauen und Männern. Sie zeigen keine Seele und keinen Geist. Seele und Geist sind eben nur schwer visualisierbar.

Der weibliche und der männliche Körper stehen im Zentrum der Medienpräsenz. Das ist verständlich, denn der Körper ist die materielle biologische Basis, sage ich nochmals. Und die Seele befindet sich in einem Körper; der Geist auch.

Der Körper ist ein Instrument, vergleichbar mit einer Geige. Die Geige mag schön aussehen, sie wird vom Auge gemocht und vom wertenden Gehirn als schön bezeichnet. Der Geigenkörper lebt aber erst auf, wenn ein Musiker auf ihm eine Melodie spielt. Dann beginnt sich die Erotik dieses Instruments zu entfalten. Die Melodie erreicht unsere Seele. Jeder weibliche oder männliche Körper ist ein Instrument, auf dem jemand spielt oder spielen lässt.

Seele und Geist spielen auf dem Instrument des Körpers,

dort entsteht dann Erotik oder auch nicht. Das führt uns jetzt mitten hinein in das Erleben zwischen Frau und Mann. Wenn sich Erotik entfalten soll, dann ist das eine Melodie, die auf dem Körper als Resonanzboden erklingen kann, wenn in Geist und Seele dafür Impulse entstanden sind.

Der Körper ist immer als elementare Basis zu sehen. Natürlich soll er gepflegt und gesund erhalten werden durch richtige Ernährung, durch Gymnastik und Fitnessprogramme. Ein gesunder Körper ist aber noch keine Gewähr dafür, dass unsere Seele darin genug Platz hat und der Geist sich darin ausruhen kann, um Glück zu empfinden. Du möchtest eine Frage stellen.

Warum sollte die Seele in einem gesunden Körper nicht genug Platz haben? Und warum soll der Geist sich im Körper ausruhen? Muss der Geist nicht tätig sein?

Unser Geist ist zumeist tätig: Die Gedanken kreisen, sie sind aktiv und lenken uns vom Erleben ab. Die Gedanken beschäftigen sich ununterbrochen mit vielen Problemen und Konflikten. Das kann jeder bei sich selbst beobachten. Warum hat bei vielen Menschen die Seele nicht genug Raum für ihre Entfaltung? Damit werden wir uns befassen müssen. Betrachten wir zunächst den Geist, die Ratio und danach die Seele. Wir gehen schrittweise voran.

Sind Körper, Seele und Geist nicht eine Einheit?

Natürlich ist alles eine Einheit, Körper, Seele und Geist sind miteinander vernetzt, wie wir sehen werden. Nur für das Verstehen trennen wir zunächst einmal diese drei Bereiche. Sie fügen sich danach von selbst wieder zu ihrer Einheit zusammen.

Der Geist

Ich sagte, der Körper sei vergleichbar mit einem Instrument. Hätte der menschliche Körper keinen Verstand zur Verfügung – was für uns nur schwer vorstellbar ist –, wäre er nicht überlebensfähig.

Der Mensch hat auf unserem Globus unter allen Lebewesen den höchstentwickelten Verstand mit der Fähigkeit zum logischen und schlussfolgernden Denken. Das Denken, die Ratio, ist sehr wichtig geworden in unserer hoch technisierten Welt. Ohne Einsatz unseres Verstandes könnten wir keinen Computer bedienen. Der PC ist ein Werkzeug, mit dem wir Aufgaben lösen, miteinander via Internet kommunizieren, Briefe schreiben, Bilder gestalten etc. Wir brauchen also einen scharfen und wachen Verstand, um dieses Werkzeug Computer handhaben und benutzen zu können.

Wie viele von euch wissen, sehe ich den Verstand dennoch sehr kritisch, weil ich die Seele für die entscheidende Dimension der drei Bereiche Körper, Geist und Seele halte. Es wurde mir deshalb immer wieder «Verstandesfeindlichkeit» unterstellt. Das ist natürlich Unsinn, das sollte im Folgenden verdeutlicht werden.

Der Verstand ist sehr wichtig, wir brauchen ihn, um uns über die Sprache zu verständigen, wie wir es hier jetzt miteinander tun. Es wäre doch absurd, diese Möglichkeit des Denkens mit Worten zu verurteilen. Der Verstand sollte geschult werden, damit sich die Intelligenz entfalten kann. Wir brauchen unsere Intelligenz, um überleben zu können.

Du schreibst aber immer wieder in deinen Büchern, dass die Seele wichtiger sei als das Denken und die Ratio.

Das ist richtig, das habe ich geschrieben und sage es immer wieder. Wir werden schrittweise vorgehen, um es zu verstehen, vor allem auch im Zusammenhang mit der Erotik und dem Lebensglück. Wir werden darüber unsere Gedanken austauschen. Aber zunächst möchte ich auf den Verstand zurückkommen. Bitte nicht ungeduldig werden, denn zuerst einmal möchte ich die Rolle des Verstandes klären.

Das Denken (und seine Intelligenz) hat in unserer modernen Zivilisation einen ungeheuren Stellenwert erhalten. Schaut euch die Schulen für unsere Kinder an: Dort wird Wissen vermittelt und der Verstand trainiert. Die intellektuelle

Leistungsfähigkeit wird sehr wichtig genommen, leider extrem wichtig. Die intellektuelle Leistungsfähigkeit des Schülers wird zensiert und benotet, der Schüler mit Wissen voll gestopft, das abgefragt werden kann. Wohingegen kreatives Denken, das ich übrigens für genauso wichtig halte, eher unterbewertet bleibt.

Die Schulung und Förderung der Intelligenz und des Gedächtnisses ist sicherlich sinnvoll. Die Förderung der Kreativität wäre zusätzlich sogar noch sinnvoller, sie bleibt aber leider vernachlässigt. Kommen wir jedoch zum eigentlichen Punkt: Ich frage mich, was die Förderung rationaler Fähigkeiten bedeutet. Die Denkfähigkeit, die Intelligenz wird geschärft. Was ist letztlich diese Intelligenz? Sie ist ein Werkzeug, mit dessen Hilfe Probleme gelöst werden. Um über einen Fluss eine Brücke zu bauen, brauche ich intelligente Gedanken. Ich kann einen Baum so fällen, dass sein Stamm über den Fluss fällt, dann kann ich über den Stamm gehend das andere Ufer erreichen. Ist der Fluss aber breiter, als der Stamm lang ist, muss ich auf die Idee kommen, ein Boot zu bauen, und mit Hilfe meiner Intelligenz das Boot so konstruieren, dass es nicht untergeht. Sollen aber viele Menschen rasch an das andere Ufer gelangen können, muss ich eine Brücke über den Fluss bauen, die nicht einstürzt. Dafür brauchen wir unser Denken mit seiner Intelligenz.

Worauf ich hinauswill, ist: Meine Intelligenz ist dafür da,

dass ich sie als Werkzeug nutze. Es ist sinnvoll, dieses Werkzeug einzusetzen, und zwar sobald es gebraucht wird. Dann ist es hilfreich. Das Denken ist ein Werkzeug, mehr nicht. Es ist auch ein hilfreiches Werkzeug, mit dem man beispielsweise ein anderes Werkzeug, wie den Computer, bedienen kann.

Damit entmystifiziere ich das Denken; das halte ich für notwendig, denn die intellektuellen Fähigkeiten werden allzu oft überbetont. Das Werkzeug Denken hat zu der Illusion geführt, das Denken sei das Wichtigste für das Leben eines Menschen. Das ist es nicht. Es ist eben nur ein Werkzeug und wie andere Werkzeuge nur dann nützlich, wenn man es braucht, aber völlig unnütz, wenn man es nicht braucht. Wir sollten also ganz sachlich und nüchtern mit diesem Werkzeug umgehen. Unser Denken hat sich in uns zum Herrn aufgebläht, dabei ist es nur ein Diener. Das Denken hat sich mehr und mehr Raum in unserem Selbstsein verschafft, es hat unsere Seele verdrängt. Aber darüber später mehr. Bleiben wir noch bei der Ratio.

Was hat deine Betrachtung mit dem Thema Erotik zu tun? Schweifst du nicht zu weit ab?

Bitte nicht ungeduldig werden. Alle diese bisher beschriebenen Tatsachen haben mit unserem Leben zu tun, mit unserer Selbstentfaltung und mit der Geschlechterbeziehung zwischen Mann und Frau. Kannst du mit der Ratio zur Erotik gelangen? Ihr lacht … Meine Frage ist aber sehr ernst gemeint.

Jeder von euch fühlt, dass man es nicht kann. Aber warum bloß nicht? Ich versuche es verständlich zu machen. Lasst uns dabei in Ruhe vorgehen, wir sollten uns keinen Zeitdruck machen. Das Denken ist oft sehr ungeduldig, es will immer ganz schnell zu einer Lösung kommen.

Erotik entfaltet sich jenseits des Denkens, wir werden darauf zu sprechen kommen. Das Werkzeug Denken ist aber untauglich dafür, Erotik oder Liebe zu erzeugen; es kann eine Brücke über den Fluss bauen, aber den Weg zur Liebe kann es nicht bauen. Und nun sind wir, wenn wir das betrachten, an einem sehr wichtigen Problempunkt angekommen. Der rational orientierte Mensch, ob Mann oder Frau, glaubt, das sonst ja so hilfreiche Werkzeug Denken als Diener auch in der Liebe einsetzen zu können. Warum geht das schief? Weil es das falsche Werkzeug ist. Wenn du eine Auster öffnen möchtest, um an ihr Inneres zu gelangen, brauchst du ein Austernmesser. Du kannst natürlich auch einen Hammer benutzen, um die Auster zu zerschlagen. Nun ja, dann ist die Perle in der Auster auch kaputt. Die Wahl eines passenden Werkzeugs ist also sehr wichtig.

Um zur Erotik zu gelangen, braucht man überhaupt kein Werkzeug, weder ein Austernmesser noch einen Hammer oder einen Sextanten oder einen Computer. Wenn alle Werkzeuge untauglich sind, was ist dann zu sehen und zu tun?

Soll man den Verstand abschalten? Wäre das nicht blauäugig und naiv? Führt das dann nicht ins Unglück? Ist das nicht ein Rückfall ins gehirnlose Dasein?

Ich freue mich über so viele Fragen, denn sie sind an dieser Stelle zum richtigen Zeitpunkt gestellt. Soll man den Verstand abschalten? Kann man das überhaupt so einfach? Denn es gibt nirgendwo einen Schalter. Blauäugig zu sein finde ich schön. Naiv, was bedeutet es, naiv zu sein? Führt uns das ins Unglück, wäre es ein Rückfall ins gehirnlose Dasein? Was ist Glück und was ist Unglück? Was ist ein «gehirnloses» Dasein? Alles das sind wichtige Fragen, denen wir nachgehen müssen.

Was ist ein gehirnloses Dasein? Das klingt für den rational orientierten Menschen wie eine große Warnung vor einem Desaster. Bloß kein gehirnloses Dasein führen! Das Denken sollte immer die Kontrolle ausüben. Nun sage ich provokant: die Herrschaft des Gehirns über das Dasein! Der Diener entmachtet den Herrn. Das Werkzeug dominiert den Handwerksmeister. Ihr lacht – ganz zu Recht. Obwohl das ein sehr ernstes Thema ist, denn es ist tragisch, wenn das Werkzeug die Macht über einen Menschen gewinnt. Und es ist gleichzeitig sehr komisch, diese Auswirkungen auf das Leben zu sehen. Das zu sehen, darin liegt eine große Freiheit, die dieser Meditation entspringt.

Die Seele

Wenn es euch interessiert, dann sollten wir heute über den Bereich der Seele miteinander nachdenken. Körper, Geist und Seele – die Seele ist die Dritte im Bunde dieser Ganzheit. Ich sage nochmals für alle Skeptiker, wir zerlegen das nur in diese drei Komponenten, um darüber dann besser kommunizieren zu können. Was ist für euch die Seele?

Die Seele ist etwas Undefinierbares. Den Körper kann man sehen, den Geist kann man beim Lösen von Problemen in seiner Wirkungsweise beobachten und erkennen. Die Seele aber kann man weder sehen noch erkennen.

Ich denke, dass man die Seele durchaus auch sehen kann. Schau einfach in das Gesicht eines Menschen – und du kannst sehen, ob er sich freut oder ob er traurig ist. Unsere Seele ist der Bereich, in dem sich unsere Gefühle befinden. Wenn ich das Wort «Emotionen» gebrauche, dann meine ich die Gefühle. Emotionen und Gefühle sind ein und dasselbe.

Die Seele ist der weite und gewaltige Bereich unserer Gefühle. Wir kennen angenehme und unangenehme Gefühle. Ich zähle mal etliche angenehme Gefühle auf: Freude, Verliebtsein, Glücksempfinden, Gefühle von Gelassenheit, Geborgenheitsgefühle, Entspanntheit, Freiheit und kreative Entfaltung. In der Seele entstehen aber, wie jeder weiß, auch weniger angenehme Emotionen wie Angst, Neid, Eifersucht, Aggression, Zorn, Hass, Langeweile, Unzufriedenheit, Unsicherheit und Nervosität, um nur einige zu nennen. Diese Palette der unangenehmen Gefühle ist sehr weitläufig und differenziert. Ihr kennt alle diese unangenehmen Gefühle von Kindheit und Jugend an. Sind vielleicht sie der eigentliche Grund dafür, warum wir unser Seelenleben, diesen so wichtigen Bereich, von uns wegschieben wollen?

Diese unangenehmen Gefühle können sehr belastend sein. Davor möchte man fliehen, deshalb sucht man alle Arten von Ablenkung, um sich davon frei zu machen und zu lösen.

Ist Ablenkung oder Realitätsflucht die Lösung? Durch Alkohol kann man sich kurzfristig etwas davon lösen, die Droge Alkohol ist eine Art Psychopharmakon und wirkt chemisch über den Körper dämpfend und betäubend auf die Psyche. Dadurch flieht man vor der Realität. Auch Geselligkeit und Kommunikation mit anderen können dämpfen und ablenken. Und Arbeit natürlich auch. Während ich arbeite und mein Geist mit der Lösung von Aufgaben beschäftigt ist, bin ich abgelenkt, die unangenehmen Gefühle sind erst einmal in den Hintergrund geschoben.

Die Seele scheint für viele Menschen ein Störfaktor zu sein. Ein erfolgreicher Geschäftsmann sagte mir einmal: «Gefühle sind hinderlich. Wir sollten emotionslos und sachlich die Aufgaben des Lebens bewältigen. Emotionen sind eher ein Zeichen von Schwäche als von Stärke.» Was haltet ihr von dieser Aussage?

Sie ist einerseits richtig, aber andererseits falsch, denn ein emotionsloser Mensch wäre ein seelenloser Roboter.

Entweder etwas ist richtig, oder es ist falsch. Seele kann nicht gleichzeitig richtig und falsch sein. Liegt in solchem Denken vielleicht der Ursprung der Neurose? Wir leben in dem Widerspruch, unsere Gefühle seien gleichzeitig sowohl «richtig» als auch «falsch». Das zerstört Lebensenergie. Der Ausweg aus einem solchen Dilemma ist die Anerkennung unserer Seele mit allen angenehmen und unangenehmen Emotionen.

Die Seele ist das Sensibelste, was wir haben. Der Körper ist der materielle Resonanzboden, die Ratio ist unser Werkzeug, mit dem wir Probleme lösen –und unsere Seele ist das Zentrum unseres Selbst, dort sind wir die einzigartige individuelle Person, die mit anderen Menschen mitfühlen kann. Dieses Selbst ist nicht das Ego, es ist das Tiefste unserer Person, wogegen das Ego etwas mit unserer Rolle in der Gesellschaft zu tun hat, es bläht sich entweder auf zum brutalen Egoismus, oder es passt sich an, um unauffällig subtil eine Rolle oder Nische in der sozialen Gemeinschaft zu finden, um sich mehr oder weniger kräftezehrend durchzuschlagen und durchzumogeln. Ich weiß, das «durchmogeln» gefällt manchen gar nicht. Wir schauen uns das jetzt aber gemeinsam an. Könnt ihr versuchen, das Verhalten der anderen Menschen und euer eigenes einmal genau zu betrachten? Ich weiß, es ist sehr schwierig, der Versuch lohnt sich aber. Dann könnten wir die Seele sehen, unsere eigene und die der anderen.

Sollte man nicht zuerst in seine eigene Seele schauen, bevor man in andere Seelen hineinschaut?

Natürlich. Wer aufmerksam in seine eigene Seele schaut, weiß auch, was in den Seelen der Mitmenschen vorgeht. Es wird immer wieder behauptet, man könne andere nicht verstehen, denn jeder Mensch sei sein eigener Kosmos. Das erscheint richtig, ist aber falsch. Wir Menschen sind nicht so unterschiedlich, wie oft behauptet wird. Es gibt zwar deutliche körperliche Unterscheidungsmerkmale, schwarze oder blonde Haare, weiße oder braune Hautfarbe, männliche oder weibliche Geschlechtsmerkmale, wir sind jung oder alt. In unserer Seele sind wir aber davon unabhängig alle gleich. Die Angst einer jungen Frau mit blonden Haaren und blauen Augen ist doch die gleiche Angst wie die eines Mannes mit schwarzen Haaren und braunen Augen.

In unserer Seele, mit unseren Emotionen, sind wir alle die eine Menschheit. Der Geist (das Denken) hat die Menschen auf unserem Globus in Religionen aufgespalten, in Moslems, Christen, Juden, Buddhisten usw. und in Nationen wie Deutsche, Franzosen, Italiener, Amerikaner, Japaner, Chinesen usw. Das bezieht sich alles auf in der Historie gezogene Grenzen, die aber völlig bedeutungslos sind, wenn man die Menschen in den einzelnen Ländern in ihrer Psyche betrachtet. Wir sind alle auf diesem wunderschönen Erdball Menschen mit Seele und Geist.

Schau in die Seele der Menschen hinein – und du siehst es schlagartig! Es bedarf keiner langen Diskussionen und keiner politischen Philosophien, wir sind seelisch gleich, fühlen auf einer Ebene, die unabhängig ist von Ländergrenzen oder Religionen oder der Geschlechterzugehörigkeit. Könnt ihr das sehen? Habe ich mich verständlich ausgedrückt?

Es gibt aber die Einteilung in Länder und Religionen. Das ist eine Tatsache. Die kann durch meine Gedanken nicht außer Kraft gesetzt werden.

Ja, es gibt sie, das ist Realität, und das soll ja auch nicht verleugnet werden. Aber siehst du die Absurdität, erkennst du, wie falsch und letztlich schädlich und gefährlich das ist?

In unserer Seele sind wir alle gleich. Wir sind so erstaunliche Lebewesen, wir Menschen, wir Frauen und Männer, alle haben wir eine Seele, von der wir gesprochen haben, und die ist, wenn du sie in ihrer Tiefe und Schönheit erkennst, frei von allem, was der menschliche Geist an Konventionen und Regeln erfunden hat. Es wäre gut, wenn ihr das sehen könntet. Die Seele jedes einzelnen Menschen ist etwas so Kostbares und Wunderschönes, wenn sie sich voll und ganz frei entfalten darf, egal in welchem Land und unabhängig von jeder Religion und jedem politischen Wirtschaftssystem.

Auch die Erotik ist davon völlig unabhängig und frei. Erotik ist etwas Seelisches und nichts Politisches oder Religiöses. Darauf wollte ich hinaus. In unseren Seelen, in unserem Menschsein als Selbstsein, dort sind wir alle gleich.

Es könnte so sein. Aber in der Realität ist es doch nicht so. Wir sind geprägt von unserer Religion, unserem Geschlecht und unserer Nationalität, heute zwar nicht mehr als Deutscher oder Franzose, aber dann als Europäer.

Siehst du, heute ist ein Deutscher ein Europäer und Christ. Aber was ist mit den Außereuropäischen und den Nichtchristen? Ihre Seele ist wie deine Seele beschaffen, er mag sich Moslem nennen und islamistisch orientiert sein, er mag autoritär gegenüber Frauen eingestellt sein, das alles ist nur verstandesbedingt. In seiner Seele ist er wie du, er hat Angst wie du, hat Sex wie du und hat diese seelische Möglichkeit, in seinen erotischen Momenten der Freiheit in seiner Seele Glück zu empfinden.

Seele und Geist

Wie sind die Wechselwirkungen zwischen Denken und Emotionen?

Ich glaube, das ist ein sehr spannendes Thema. Gedanken können Gefühle wachrufen, und Gefühle können Gedanken erzeugen. Gedanken und Gefühle sind also nicht getrennt voneinander, sondern stehen in Verbindung miteinander. Das ist ein schwieriges Thema, und ich habe in der Vergangenheit oft erlebt, wie ich die Zuhörerinnen und Zuhörer beim Beschreiben dieser Zusammenhänge zum geistigen Abschalten gebracht habe. Deshalb sollten wir schrittweise vorangehen und diese Themen nicht zu schnell abhandeln.

Ich sagte, Gedanken können Gefühle wachrufen. Die Erinnerung an ein vergangenes Erlebnis geschieht im Geist. Das Vergangene ist im Gedächtnis gespeichert, es ist Vergangenheit, hat deshalb direkt nichts mit der Gegenwart zu tun. Durch mein Denken kann ich das Vergangene aus dem Gedächtnisspeicher herbeizitieren, und dadurch entstehen in meiner Seele die Gefühle, die damals mit dem Erleben verbunden waren; die Seele hat sie nicht vergessen.

Deshalb sind Gedanken Kräfte, die Gefühle mobilisieren können. Denke ich an Positives aus der Vergangenheit, dann entstehen angenehme Gefühle. Denke ich an Negatives, dann werden die unangenehmen Gefühle hervorgerufen, die ehemals damit verbunden waren.

Ich sagte, dass Gefühle auch Gedanken erzeugen können. Wenn ich etwas fühle, etwa Eifersucht und Angst, dann entstehen daraus Gedanken, die diese Gefühle zu erklären versuchen. Ich bin eifersüchtig, weil sich meine Partnerin mit jemandem länger als üblich angeregt unterhält, ich habe Angst, sie zu verlieren, also versuchen die Gedanken Strategien zu entwickeln, diese unangenehmen Gefühle jetzt und in Zukunft zu vermeiden. Vor allem unangenehme Gefühle mobilisieren also mein Denken, wogegen angenehme Gefühle das Denken zur Ruhe kommen lassen. So sind auch die Gefühle in meiner Seele Kräfte, die sich positiv oder negativ auf mein Gesamtbefinden auswirken.

Wenn wir präzise zwischen den Gedanken und unseren Gefühlen unterscheiden, dann sind wir stets in innerer Klarheit mit unserem Selbstsein. Ich hoffe, das war bisher alles verständlich, denn ich sehe in manchen Gesichtern von euch einen gewissen neutralen Ausdruck.

Es klingt irgendwie abstrakt, was du gesagt hast. Gedanken und Gefühle, Seele und Geist, Gedanken erzeugen Gefühle, und Gefühle erzeugen Gedanken, da schwirrt jetzt alles durcheinander, und man findet keinen Halt mehr.

Da ich es mit Worten beschreibe, wirkt es vielleicht abstrakt, denn die Sprache spricht nur *über* die Wirklichkeit, sie ist nicht die Realität selbst. Darin liegt tatsächlich ein Problem. Wir kommunizieren über Seelisches und das Denken mit Hilfe des Werkzeugs Sprache. Dabei bleiben die Gefühle zurück, denn das Denken steht im Vordergrund. Wir sprechen über Gefühle, die von euch im Moment nicht konkret empfunden werden, deshalb wirkt es blutleer.

Kommen wir zu einem ganz konkreten Beispiel, zu den erotischen Gefühlen. Sie entstehen in deiner Seele, du fühlst eine erotische Anziehung zu einer Frau oder einem Mann; das entsteht in deiner Seele. Das sind angenehme Emotionen. Es ist eine positive Energie, Gefühle sind Kräfte. Solange sich dein Denken nicht einmischt, kannst du das hier und jetzt intensiv genießen. Ich denke, das hat jeder schon erlebt.

Irgendwann, hoffentlich nicht sofort, befasst sich dein Denken mit diesen Gefühlen. Die Ratio bewertet sie, ordnet sie ein, hält sie für gut oder schlecht, richtig oder falsch. Das Denken mischt sich ein, bei manchen schneller, bei einigen anderen weniger schnell. Das können wir beobachten. Wir sind Körper, Seele und Geist, und darin befinden sich unser Ich, das Es und das Über-Ich, um es mit der Terminologie von Sigmund Freud auszudrücken.

Oder anders gesagt, dein Körper, dein Geist und deine Seele machen dein Ich aus. Ich werte das Wort «Ich» weder negativ noch positiv. Du bist ein Ich oder ein Selbst, das im Körper wohnt, den Verstand als Werkzeug benutzt und in der Seele emotional das Leben erlebt. Dein Ich steuert dich durch die Erlebnisse hindurch, es lässt die in der Seele entstandene Erotik zu oder blockiert sie mit dem Denken. Das ist nur ein Beispiel. Wir sollten uns später noch mit diesem Ich befassen, um verstehen zu können, warum Menschen unterschiedlich mit diesen elementaren Gefühlen wie Erotik, Angst, Neid, Glückseligkeit, also den angenehmen und den unangenehmen Emotionen, so oder auch ganz anders umgehen.

Warum kann jemand seine Seele öffnen, sich ihr in Meditation hingeben, und ein anderer kann und will das nicht? Warum intensiviert beim einen das Denken schnell die Gedanken und Bedenken, beim anderen aber zwar langsamer, aber letztlich doch auch? Und dann die Frage: Kann man die Energie der Gefühle sich voll und ganz entfalten lassen, ohne dass das Denken einen Schatten darauf wirft? Gibt es ein Ich (Selbst), das frei ist von den Interventionen der Ratio? Wieder zu abstrakt ausgedrückt? Ich versuche es deshalb mit anderen Worten nochmals zu beschreiben.

Erotische Gefühle entstehen in deiner Seele. Solche Gefühle sind lebendig im Augenblick des Hier und Jetzt. Es sind zunächst Gefühle, es sind noch keine Gedanken. Diese seelische Welt der Gefühle ist frei von Gedanken. Du entscheidest also selbst, ob sich das Denken einschaltet und einmischen soll oder nicht.

Schalten sich die Gedanken nicht automatisch ein? Ich glaube, da besteht ein Automatismus.

Unser Denken können wir beobachten, wenn wir uns selbst und unsere Mitmenschen in ihrem Verhalten betrachten. Es gibt bei vielen tatsächlich diese Art von Automatismus. Ein Gefühl entsteht, und das Denken bewertet es sofort. Sein Denken mischt sich auf diese Weise ständig ein; es lässt dann nicht zu, dass sich unsere Gefühle voll und ganz entfalten. So wird der Geist zum Widersacher der Seele und der Emotionen.

Ich behaupte, das Denken greift unsere Seele an und hindert sie daran, voll zu erblühen. Ich behaupte es einfach einmal, ohne Recht haben zu wollen. Wir sind hier gemeinsam auf etwas gestoßen, das uns alle betrifft. Es lohnt sich, das zu untersuchen, also herauszufinden, wie es wirklich ist und wie alles miteinander zusammenhängt, es betrifft uns alle im tiefsten Kern unseres Daseins. Sollten wir jetzt nicht hellwach sein, um diese Fragen zu klären? Es geht um unser Leben, um die Frage, ob wir glücklich werden oder nur im Schatten des Denkens dahinleben. Unser Thema hat sich darauf hinbewegt, ob wir solche Lebendigkeit in unserer Seele zulassen wollen oder ob wir sie mit dem Denken reglementieren, relativieren und rationalisieren. Und es stellt sich die Frage: Warum entscheiden sich so viele für den zweiten Weg?

Ich glaube, es besteht Angst, solch eine offene Lebendigkeit in unserer Seele zuzulassen.

Ich verstehe diese Angst, denn sie kommt aus dem Denken mit seinen Bedenken. Und die Ratio hat über uns eine große Macht. Die Seele hat dagegen leider nur wenige Fürsprecher. Die Ratio wird in fast allen Bereichen unserer Gesellschaft, in der Schulausbildung, vor allem im Beruf, hofiert und honoriert. Das ist jetzt hoffentlich nicht abstrakt, ihr könnt es täglich überall beobachten. Und alles Seelische gilt als eine Art Schwäche, es sind ja «nur» Gefühle, manche sagen sogar Gefühlsduselei dazu. Emotionales wird im Vergleich zum Rationalen abgewertet. Dieser sozialpsychologische Druck auf das Individuum ist enorm groß. Indes, solche Gedanken sind Energien, die sich ausbreiten und auswirken. Mein Fazit: Gefühle sind keine Gedanken, aber sie mobilisieren Gedanken, und oft kann man beobachten, dass Gedanken der Gefühle Tod werden.

Körper und Seele

Meine Ausführungen über Seele und Geist haben gestern unter euch zu heftigen Diskussionen geführt. Das finde ich gut, um diese Zusammenhänge zu sehen und zu verstehen, das halte ich für sehr wichtig. Vielleicht wird es noch etwas deutlicher, wenn wir jetzt den Körper in Verbindung mit unserer Seele betrachten.

Ich komme auf meine Aussage zurück, dass der Körper die elementare materielle Basis unserer Existenz sei. Der Körper ist der Resonanzboden, ein Klangkörper, vergleichbar mit einer Geige, auf der wir als Musiker ein Lied spielen. Die Seele hat hierbei doch offensichtlich eine ganz andere Bedeutung. Nicht die Geige spielt, sondern der Spieler, der Mensch ist es, der mit Kreativität und Gefühlen auf dem Instrument Geige als Klangkörper spielt. Ob das Lied uns berührt, liegt nicht allein am Körper, sondern eben in dieser Kreativität des Seelischen des Spielers. Gefühle wandeln sich dann zu Energien, die hörbar werden.

Die meisten Krankheiten unseres menschlichen Körpers sind psychosomatischer Art. Geht es einem Menschen seelisch gut, dann stärkt sich automatisch sein Immunsystem, und er ist weniger anfällig für Erkältungskrankheiten oder die schlimmere Viruserkrankung der Grippe. Viren sind nun mal in unserer Welt präsent, das ist eine Tatsache, aber ob unser Immunsystem mit ihnen fertig wird und auf diese Weise unsere Erkrankung verhindert, das hängt auch von unserem Seelenleben ab.

In der Seele werden viele Gefühle erlebt, und im Denken sind Lebensregeln abgespeichert. Geht ein positives Denken mit einem offenen seelischen Erleben freudig zusammen, dann sind sehr gute Voraussetzungen dafür entstanden, dass wir auch körperlich gesund bleiben. Dass man sich richtig ernähren sollte, das lasse ich jetzt mal außen vor und erachte es einfach als selbstverständlich, um es nicht zu kompliziert zu machen.

Ich möchte auf Folgendes hinaus: Wenn du mit geöffneten Sinnen durch den Alltag gehst und die Schönheiten der Natur und des Daseins über deine Sinne in dich einströmen lässt, dann entstehen in deiner Seele Glücksgefühle und Lebensfreude. Dieses seelisch Erlebte wirkt als Energie in dir, in deinem Körper, bis hinein in jede einzelne Körperzelle. Hierin besteht die heilende Wirkung, die deine Abwehrkräfte stärkt. Das ist die positive Seite der Psychosomatik.

Wenn du jedoch deine Sinne verschließt, kann diese Energie deine Seele nicht erreichen. Dafür gibt es etliche Gründe; ein sehr häufiger ist: Wir haben so viele Herausforderungen im Alltag zu bewältigen. Die beiden größten Herausforderungen sind Beruf und Partnerschaft (Ehe und Beziehung). Der Beruf fordert von uns allen den Einsatz des Werkzeugs Denken. Das Denken ist folglich ständig damit beschäftigt, diesen Anforderungen gerecht zu werden und diese Aufgaben zu lösen. Danach werden wir im privaten Bereich mit dem Spektrum der Partnerschaft konfrontiert, das aus dem Zusammenleben in einer Lebensgemeinschaft, mit einer Frau oder einem Mann resultiert und Erotik, Sexualität und Liebe einbegreift. Und dazu kommt die Auseinandersetzung damit, wie mein Ich und das Ich der Partnerin oder des Partners im Alltag einer Wohngemeinschaft harmonisch miteinander zurechtkommen können.

Es entstehen viele unangenehme Gefühle, wie Angst, Eifersucht, Neid, Trauer, sich nicht verstanden fühlen, die Selbstwertzweifel, nicht genügen zu können. Dann wird das Denken immer stärker und versucht diese Probleme mit Hilfe der Ratio zu lösen. So entfernst du dich aber mehr und mehr von deiner Seele mit ihren Emotionen. Der Verstand reißt immer mehr Energie an sich und macht sich zum Zentrum dieser Problemlösungen. Die Gedanken kreisen und kreisen um alle Probleme und Konflikte, und deine Seele wird in ein Reservat abgeschoben.

So versandet im Alltag der Partnerschaft mit seinen vielen Konflikten das Seelische. Erotik und Liebe ziehen sich ins Reservat zurück. Damit wird die so positive Lebensenergie, zu lieben und erotisch zu leben, geschwächt. Das wirkt körperlich hinein bis in jede einzelne Zelle, und die Gefahr zu erkranken wächst. Die Chance zu gesunden steigt, sofern man mit der Situation anders umgeht. Ich sprach schon mit vielen Medizinern darüber, und sie bestätigten mir, dass die meisten Krankheiten, die sie in ihren Praxen erleben und behandeln, eine psychosomatische Ursache hätten, weil die Patienten in ihrem Beruf, in ihrer Partnerschaft oder in beidem unglücklich sind. Nach ihrer Einschätzung seien über fünfzig Prozent aller körperlichen Symptome und Beschwerden durch eine psychosomatische Ursache bedingt. Nicht wenige Ärzte gehen sogar davon aus, dass auch Krebs erst dann entsteht, wenn der Mensch einen tief vergrabenen Konflikt in sich trägt, eine Kränkung, die er in seinem Leben noch nicht verarbeitet hat oder verarbeiten konnte.

Deshalb ist unsere Seele so wichtig für uns. Die Seele ist das Zentrum unserer Glückseligkeit und Gesundheit, oder sie verdorrt im Reservat und kann unserem Körper keine positive vitale Energie mehr vermitteln. Dann jedoch befindet sich der Körper in allerhöchster Gefahr, krank zu werden. Ist das verständlich geworden, oder sollte ich dazu noch mehr sagen?

Psychosomatik ist verständlich. Es besteht ein Wirkmechanismus zwischen der Psyche und dem Somatischen unseres Körpers. Daran gibt es wohl keinen Zweifel. Aber wie kann man die Seele so beeinflussen, dass sie den Körper stärkt, das Immunsystem stärkt und man dadurch vor Erkrankungen geschützt ist?

Wie kann man das machen? Es sollte mit dem bisher Gesagten deutlich geworden sein, dass die Seele der zentrale Energiefaktor ist. Das Denken ist doch voll gepfropft mit Problemen und deshalb ständig mit sich selbst beschäftigt. Das Denken grübelt in einem fort, bis hinein in den Schlaf und in deine Träume. Selbst im Traum denkt das Denken weiter, ohne Unterlass ist es aktiv. Das Werkzeug Ratio verselbständigt sich, seine Säge sägt auch im Schlaf noch weiter.

Die Seele ist indes eine ganz andere Ebene. Ich weise immer wieder so sehr darauf hin, weil von dort unsere körperliche Gesundheit die Energie erhält. Aber auch deshalb, weil nur dort der Ort der Erotik ist. Alle Partnerschaftsprobleme, die vom Denken ausgehen, sind letztendlich durch das Denken nicht lösbar. Im Seelischen aber wären sie ganz leicht und schnell zu lösen. Dort zeigt sich der Weg in die Schönheit des Lebens und die Lebensfreude. Die Seele kann deinen Körper sofort und spontan gesund machen und alle Krankheitssymptome heilen. Wir sollten bereit sein, der Seele mehr Raum zu geben, den Sinnen Raum zu geben, der Energie des Lebens Raum zu geben. Das hat enorme energetische Auswirkungen auf unseren biologischen Körper, weil er dadurch gesundet und sich von vorhandenen Krankheitssymptomen befreien kann. Solche Psychosomatik ist der Weg zur Gesundheit. Deine Seele ist der zentrale Punkt im Netzwerk zwischen Körper, Seele und Geist. Das wollte ich euch aufzeigen und vermitteln – diesen Weg in die Freiheit der Gesundheit zu gehen.

Du sagst damit, dass eine gesunde Seele sich in einem gesunden Körper automatisch aufbaut. Aber es gibt ein überliefertes Zitat eines griechischen Philosophen: «In einem gesunden Körper wohnt ein gesunder Geist.» Was hältst du von dieser überlieferten Weisheit?

Sie ist zwar alt, aber nur weil sie alt ist, ist sie nicht auch richtig, sondern einfach falsch. Richtig ist: Eine freie Seele schafft sich einen gesunden Körper. Eine freie, offene und liebende Seele heilt Körper und Geist.

Kapitel 2
Unterschiede zwischen Erotik und Sexualität

«Schön ist eigentlich alles,
was man mit Liebe betrachtet.»
Christian Morgenstern

Ist Verliebtheit hormonell bedingt?

Ein geflügeltes Wort sagt, dass die Chemie stimmen müsse, damit man sich verliebt. Chemiker und Mediziner haben nachgewiesen, dass das Gehirn Hormone ausschüttet, sobald sich zwei Menschen ineinander verlieben. Die Wissenschaftler haben beispielsweise festgestellt, dass der Serotoninspiegel um vierzig Prozent steigt und das Phenylethylamin den Blutdruck erhöht. So genannte Endorphine werden beim Küssen ausgeschüttet und intensivieren unsere Sinne und alle Sinneswahrnehmungen. Beim Mann steigt außerdem der Testosteronspiegel (Sexualhormon im Blut) an. Ist Verliebtheit also tatsächlich eine Sache der Chemie in unserem Körper, weil dann solche Hormone ausgeschüttet werden?

Wir sollten uns fragen, was zuerst geschieht, wenn man sich verliebt: der körperliche Vorgang der Hormonausschüttung oder ein anderer Vorgang, der den Körper solche Stoffe produzieren lässt? Körper, Seele und Geist sind eine vernetzte Ganzheit und Einheit. Ist diese Frage also falsch gestellt?

Bevor Hormone produziert werden, geschieht doch folgendes: Eine Frau und ein Mann begegnen sich, sie nehmen sich zuerst mit ihren Sinnen wahr und wechseln beim Kennenlernen einige Worte miteinander. Die Ursache für das Sichverlieben liegt also dort – und es «funkt», oder es funkt nicht, ganz locker ausgedrückt. Der Ursprung liegt also im seelischen Bereich, dort wo die Sinne aktiv sind und Gefühle entstehen und sich entfalten. Erst wenn sich dort eine Intensität der Anziehung ereignet, kommt die Chemie im Körper ins Spiel, also Serotonine, Phenylethylamin, Endorphine und Testosteron. Dein Körper reagiert erst dann auf etwas, wenn über das Seelische etwas wachgerufen wurde. Also ist nicht die Chemie die Ursache für das Sichverlieben, sondern nur eine Folge davon.

Sagt man «die Chemie muss stimmen», meint man genauer, der Körper sollte auf etwas Seelisches chemisch reagieren, damit man sich verliebt fühlt. Verliebt hat sich aber deine Seele schon davor, dein Körper reagiert nur darauf mit solchen Hormonen. Verliebtheit ist also nicht hormonell *bedingt.*

Viele Skeptiker und Zyniker sagen ja auch, Verliebtheit sei nur so eine Art Rausch, den die Hormone erzeugen. Sobald sie abgebaut seien, sei es auch mit der Verliebtheit wieder vorbei. Auf solche Gedanken kann man aber nur kommen, wenn man den Hormonen eine ursprunghafte Bedeutung beimisst. Da das aber nicht stimmt, ist Verliebtheit kein «rauschhafter»

Hormoncocktail. Die Hormone sind ja nur eine angenehme Begleiterscheinung dessen, was geschehen ist, bevor noch Hormone ausgeschüttet wurden.

Damit kommen wir zwangsläufig auch zu der oft diskutierten Frage, ob Verliebtheit Liebe sei – also das viel Größere – oder eben «nur» Verliebtheit. Solche Kritiker der Verliebtheit argumentieren, dass Sichverlieben etwas Oberflächliches sei, wogegen Liebe das wirklich Wahre und Tiefe sei. Das halte ich für eine sehr entscheidende Fragestellung: Ist Verliebtsein oberflächlich, körperlich gesehen hormonell gesteuert und wahre Liebe das davon unabhängig Andere, viel Größere, weil es ohne Hormone im Körper abläuft? Wie denkt ihr darüber? Was sind eure Erfahrungen dazu?

Verliebtsein wird von vielen oft abgewertet, Verliebtheit sei noch keine wirkliche Liebe, das habe ich oft gehört. Die Liebe sei das Erstrebenswertere, die Verliebtheit sei am Anfang eher oberflächlich.

Ist das so? Ist richtig, was solche Aussagen beinhalten, die vom Denken kommen? Was ist dann aber solche Liebe, die – wie viele behaupten – nichts mit Verliebtheit zu tun hat? Als sei verliebt zu sein eine Art Bagatelle, weil nur Liebe dasjenige sei, worum es eigentlich gehe? Hat denn sich zu verlieben tatsächlich mit Liebe nur wenig zu tun? Oder ist vielleicht sogar sich zu verlieben und sich verliebt zu fühlen näher am Ursprung dessen, worum es im Leben geht? Ich stelle euch diese

Fragen aus gutem Grund. Es hat doch keinen Sinn, wenn ich hier doziere und behaupte, wie es sei. Und ihr als Zuhörer glaubt es, nehmt es an oder glaubt es nicht. Indem ich euch frage, fordere ich euch dazu auf, dem nachzufühlen, noch schöner wäre natürlich, das zu erfühlen. Was fühlt eure Seele bei solchen Fragen?

Ich fühle mich jetzt total verwirrt. Ich halte Verliebtheit für schön. Und nun wird das relativiert. Ich verstehe den Unterschied zwischen Verliebtsein und Lieben nicht mehr.

Ich auch nicht. Warum lacht ihr? Lacht man, weil es gut auf den Punkt gebracht wurde? Oder lacht ihr darüber, weil in der ganzen Frage die Komik sichtbar wurde? Das Leben ist tragikomisch, ich weiß, und ihr wisst es auch. Also nochmals rekapituliert: Verliebtheit ist voller Lebendigkeit und Schönheit, sie ist nicht chemisch-hormonell bedingt. Sie ist nicht materiell-körperlich gebunden, denn sie ist in der Dimension unserer Seele geboren worden. Kann jemand diese Schönheit sehen, erkennen und im Bewusstsein wahrnehmen? Bitte, ich bin nicht euer Guru, ich frage euch, denn ich will hier niemandem etwas aufdrängen.

Es geht um jeden Einzelnen von euch, es geht doch um euer Leben; seht nicht auf mich, schaut auf euch. Ich habe nicht die Absicht, euch ein Konzept überzustülpen oder aufzudrängen oder gar zu verkaufen. Ich lebe frei und unabhängig. Dass meine Bücher einen Ladenpreis haben, liegt am wirtschaftlichen System, denn Verlage müssen wegen der Kosten bei der Buchproduktion einen Preis verlangen, um nicht Pleite zu gehen. Und die Buchhandlungen müssen auch wirtschaftlich handeln, um ihre Ladenmiete und ihre Angestellten bezahlen zu können; das aber nur ganz nebenbei. Unsere Frage war: Ist Verliebtheit etwas Geringeres als die «eigentliche Liebe»?

Verliebtheit ist irgendwie deshalb vielleicht oberflächlich, weil es einfach schön ist, verliebt zu sein. Wahre Liebe aber bringt Verlässlichkeit, Geborgenheit, Sicherheit, gemeinsames Planen, Vertrauen und Zukunftsplanung ins Spiel.

Das ist absolut einleuchtend; jeder kann eigentlich nur dazu nicken und bestätigen, was du uns hier gesagt hast. Die Verantwortung und die Pflicht rufen. Es wäre vielleicht schön, wenn Verliebtheit einfach nur hormonell bedingt wäre. Nun käme die Liebe mit aller Gewichtigkeit mit diesen Begriffen von Erwartungen, die du geschildert hast.

Irgendwie weiß ich nicht, worauf du hinauswillst. Sind solche Erwartungen an die Liebe denn falsch? Und wenn ja, was wäre daran falsch?

Wir werden darüber unsere Gedanken austauschen. Ich halte deine Fragen für sehr angebracht. Darüber werden wir gemeinsam weiter nachdenken, gut wäre es auch, darüber zu meditieren. Wir sagten, dass es mit Verliebtheit beginnt, wenn zwei einander bisher fremde Menschen sich füreinander interessieren und zu kommunizieren beginnen. Es ist ein seelischer Vorgang, der auch medizinisch messbare körperliche Auswirkungen hat. Durch Hormone entsteht eine intensive Wachheit der Sinne, und es entstehen Glücksgefühle, die als schön erlebt werden. Wie geht es dann mit den beiden Menschen weiter, die sich ineinander verlieben? Darüber sollten wir reden, denn es gibt dabei noch viel zu sehen und zu erkennen.

Sexualität und Erotik

Habt ihr euch über unsere gestern entstandenen Fragen weitere Gedanken gemacht? Ich meine, dass alle diese Fragen wichtig waren, damit wir besser verstehen können, wie Verliebtheit und Liebe zueinander in Beziehung stehen.

Wir haben noch sehr heftig diskutiert, sind aber zu keinem Ergebnis gekommen. Einige waren der Ansicht, Verliebtheit und Liebe seien ein und dasselbe, andere meinten, dass sich erst in der Partnerschaft und Beziehung zeigen würde, ob aus Verliebtheit Liebe geworden sei. Es könnte meiner Meinung nach nur eine Definitionsfrage sein, die diese beiden Lager voneinander trennt.

Das Denken versucht zu definieren, das ist so typisch für das Denken, und das ist von mir jetzt nicht ironisch oder gar abwertend gemeint. Ich werde deshalb heute die Dimension Sexualität und Erotik zum Thema machen, vielleicht hilft uns das weiter. Frau und Mann haben sich kennen gelernt und sich spontan ineinander verliebt; sie fühlen sich zueinander hingezogen und möchten das auch gegenseitig durch körperliche Berührungen ausdrücken. Sie halten sich an der Hand, sie umarmen sich und küssen sich, ein intimer körperlicher Kontakt als Folge des Sich-einander-nahe-Fühlens. Es ist einfach schön, solche Nähe zu fühlen und die Barrieren des Fremdseins einzureißen. Das führt früher oder später natürlicherweise auch zur Sexualität, weil ja eine geschlechtliche Anziehung ganz elementar unseren Sexualtrieb mit einbezieht.

Sexualität ist ein Ausdruck von körperlicher und seelischer Intimität, von Anziehung, Verliebtheit und Liebe. Einen daraus entstehenden Sexualverkehr sehe ich als Ausdruck der Liebe zwischen Frau und Mann. Die Sexualität ist dann ein gegenseitiges Geben und Nehmen von Zärtlichkeiten auf der körperlichen Ebene. Die in der Seele entstandene Verliebtheit wird auch körperlich gelebt, weiter ausgedrückt und gestaltet. Solche Sexualität hat – poetisch ausgedrückt – einen erotischen Zauber, der über dieses Paar ausgebreitet ist, weil solche Erotik in ihren Seelen entstanden ist. Sexualität ist zwar etwas primär Körperliches, aber Erotik ist etwas gleichwertig Seelisches. Wenn sich diese beiden Bereiche miteinander verbinden, dann ist es wunderschön und führt dazu, dass viele die Hemmschwelle überwinden können – und spontan sagen: «Ich liebe dich.»

Auf die Unterscheidung zwischen Sexualität und Erotik werden wir später noch zu sprechen kommen, denn das ist ein spannendes Thema. Nun aber zurück zu unserem Paar, das sich nun auch sexuell erlebte und sich zuflüsterte: «Ich liebe dich.» Ist das «nur» Verliebtheit, oder ist das jetzt schon Liebe? Oder ist das alles nur deshalb so, weil sie jetzt Sex zusammen hatten? Ist also dieses «ich liebe dich» nicht so richtig ernst zu nehmen, weil es einen sexuellen Ursprung hatte? Was meint ihr dazu?

Es ist eine wirklich schwierige Frage, denn Sexualität ist eine starke Energie, das ist klar. Das quasi abzuwerten als nur sexuell, das würde ich für falsch halten. Ich habe mal den Spruch gehört: «Sexualität ist zwar nicht alles, aber ohne sie ist alles nichts.»

Vielen Dank für deinen sehr deutlichen Beitrag. Wir sprechen über die Liebe zwischen Frau und Mann, über diese spezielle Liebe, denn da spielen Erotik und Sexualität eine wichtige Rolle, die man nicht wegdiskutieren sollte. Insofern hat der Spruch, den du zitiert hast, eine große Bedeutung. Wir sprechen hier jetzt nicht über eine generelle Liebe, über einen Liebesbegriff, den die Religionen oft ins Spiel bringen. Sie meinen damit eine Liebe zum Nächsten, eine allgemeine soziale Menschenliebe, und wollen damit an die Humanität appellieren, im Sinne von «liebe deinen Nächsten wie dich selbst», also soziale Nächstenliebe und Hilfsbereitschaft; darauf werden wir aber noch kommen, denn auch das ist ein wichtiges Thema im Rahmen des Verstehens der Liebe.

Ich unterscheide zwischen der speziellen Liebe zwischen Frau und Mann und der generellen Liebe zur Menschheit, zur Natur, zum Leben, zur Musik, Poesie, Malerei und zur Kunst. Ich halte es für sehr wichtig, diese Unterscheidung zu sehen und auch sprachlich zu formulieren, denn wenn wir das globale Wort «Liebe» nicht auf solche Weise in seiner Bedeutung aufteilen, dann entsteht schnell Verwirrung, wenn Liebe gesagt, aber ein ganz anderes Spektrum damit gemeint wird. Das würde die Kommunikation nur erschweren, sie oft sogar so behindern, dass Streit entstehen kann.

Ich meine, wir sind in unseren Gesprächen heute sehr weit vorangeschritten. Schon die Unterscheidung zwischen der speziellen Liebe zwischen Frau und Mann, die mit Erotik und Sexualität verbunden ist, und der generellen Liebe zum Leben, zur Natur und allem Karitativen eröffnet uns neue Dimensionen, um uns selbst und die Mitmenschen besser zu verstehen. Diese Sichtweise hilft uns dabei, uns selbst, die Natur und unsere Mitmenschen in einem neuen Licht zu sehen. Was ist eure Meinung dazu?

Irgendwie tue ich mich schwer damit, eine spezielle Liebe von einer generellen zu unterscheiden. Eine solche Unterscheidung ist für mich ungewohnt.

Natürlich ist das ungewohnt, denn das Wort «Liebe» wird meist sehr großflächig gebraucht und oft auch missbraucht; deshalb, genau deshalb, sollte man den Begriff Liebe differenzieren und neu betrachten. Was wird allgemein unter Liebe verstanden? Ist der Mann, der seiner Partnerin nach einer sexuell erfüllenden Liebesnacht ins Ohr flüstert «ich liebe dich» ein Schwärmer oder ein Träumer, der nichts von Liebe weiß?

Ist ein Fotograf, der durch die Natur geht und Fotos von einer mit weißen Eiskristallen besetzten Hagebutte im Winter macht, nicht auch ein Liebender? Ist ein Politiker, der für soziale Gerechtigkeit kämpft, um den Schwachen in der Gesellschaft – beispielsweise allein erziehenden Müttern – durch politische Neuerungen zu helfen, kein Liebender? Ist der Künstler, der Maler, der Blumen malt, weil ihre Schönheit ihn begeistert, etwa kein Liebender? Wenn die aktuelle Kunstkritik in den Feuilletons der Medien seine Malerei nicht als *Kunst* anerkennt, sondern sogar als *Kitsch* brandmarkt, ist er dann kein Liebender? Wenn jemand gern allein lebt, ohne eine Beziehung mit einer Frau oder einem Mann einzugehen, wird er gern als Eigenbrötler bezeichnet, aber ist er damit aus dem Kreis der Liebenden ausgeschlossen? Ist jemand, der die Zugehörigkeit zu einer Religionsgemeinschaft aufgibt, weil er mit ihren Dogmen nicht mehr übereinstimmt, damit kein Liebender mehr?

Ist jemand, der für soziale Gerechtigkeit kämpft und dafür bereit ist, sich von anderen angreifen zu lassen, von seiner Firma, in der er arbeitet, gekündigt zu werden, etwa kein Liebender? Es gibt so viel Liebe jenseits von Erotik und Sexualität. Aber weil das so ist, ist die Verliebtheit zwischen Frau und Mann, verbunden mit Sexualität und Erotik, eben die ganz *spezielle* Ebene, die ihre wunderschöne, volle Daseinsberechtigung hat, in der Gegenwart und in der Zukunft.

Könnt ihr das sehen? Vielleicht manche auch nicht? Was hindert uns daran, es zu sehen? Darüber sollten wir demnächst sprechen, sofern ihr das wollt. Nicht ich bestimme, wovon wir hier reden, denn es geht nicht um mich. Es geht darum, dass wir über das gemeinsam kommunizieren, was uns in unserer Seele und unserem Geist beschäftigt.

Bedenken

Wir haben den Körper, die Sexualität und die Seele in unsere Gespräche über die Erotik einbezogen. Welche Rolle spielt der Geist, unser Denken, dabei? Was meint ihr?

Das Denken ist ja stets vorhanden, es gehört zu Körper, Seele und Geist dazu, also spielt es hier mit hinein. Ich bin mir aber nicht sicher, ob das Denken eher förderlich oder eher hinderlich ist, wenn es um Erotik und Liebe geht.

Das ist eine gute Anregung zum Thema. Welchen Part hat das Denken? Wir stellten früher schon einmal fest, dass unser Denken ein gutes und sinnvolles Werkzeug zum Problemelösen ist. Das Denken setzt also ein, wenn es gilt, Probleme zu lösen und Aufgaben zu bewältigen. Da Verliebtheit und erotische Liebe zunächst einmal keine Probleme darstellen, ist das Denken dann erst einmal ruhig. Es ist die besondere Schönheit der Liebe, dass das Denken zur Ruhe kommt und still wird. Wenn du seelisch ganz in gemeinsamer Erotik mit deinem Partner aufgehst und sensitiv den Augenblick erlebst, dann schweigt das Denken. Es gibt nicht einmal mehr ein Ego, das etwas anstrebt oder bewertet, denn alles ist gut und richtig, so wie es im Augenblick ist. Diese Sensitivität hat etwas sehr Beglückendes, denn man geht selbstvergessen im Augenblick auf, das meine ich damit, dass kein Ego mehr störend vorhanden ist. Das Ego und das Denken sind eng miteinander verbunden, denn das Denken erzeugt ja dein Ego, dein Selbstbild im Vergleich mit anderen. Das Denken wertet und vergleicht ständig. So ist es nun mal beschaffen. Ist das verständlich?

Meinst du, dass sich das Ego in der Erotik auflöst oder zurücktritt?

Das meine ich nicht nur, das ist eine Tatsache, nicht meine persönliche, subjektive Ansicht, denn du kannst es selbst beobachten, wenn du im Zustand der Erotik bist. Euer beider Ego löst sich auf, es entsteht ein Gleichklang, dieses wunderbare Wir-Gefühl, in dem es kein Ego mehr gibt. Das führt zu einem Glücksgefühl, das ich Glückseligkeit nennen möchte.

Dieser Zustand ist aber sehr fragil, er ist überaus gefährdet. Warum ist das so? Weil das Denken sich früher oder später zurückmelden wird. Ein Liebespaar lebt ja in der Regel nicht auf einer einsamen Insel, abgeschnitten von den Mitmenschen. Wir sind eingebunden in ein soziales Umfeld, in eine Familie, in einen Freundes- und Bekanntenkreis, in einen Kreis von Berufskolleginnen und -kollegen, überall soziale Regeln und Normen. Von dort droht eine Gefahr.

Ich sage Verliebten immer, «sprecht nicht mit anderen über eure Liebe, behaltet diesen Schatz für euch». Aber das ist natürlich schwierig, denn verständlicherweise möchte man seine Liebesgefühle anderen mitteilen. Das Herz ist so voll von Glück, dass es überläuft und sich durch Kommunikation mitteilen möchte. Da die anderen darauf jedoch mit ihrem Denken reagieren, führt das zu Argumentationen. Das Denken ist nun mal so beschaffen, dass es bei allem Bedenken hat, Probleme und Konflikte sieht und sie verbal zum Ausdruck bringt. Du berichtest von deinen Gefühlen und erhältst von anderen Resonanz aus deren Denken.

Das Denken wägt ab, sieht Vor- und Nachteile und bringt die Zukunft ins Spiel. Oft beginnen dann die Sätze mit «ja, aber»: «Ja, aber ist er nicht viel zu alt für dich? Ja, aber er ist doch nicht vermögend und hat keinen ordentlichen Beruf. Ja, aber es ist doch allgemein bekannt, dass er schon viele Liebschaften hatte. Aber er ist für dich etwas zu klein und hat Haarausfall. Ich verstehe irgendwie nicht, was du an ihm findest. Ja, aber er ist doch Akademiker und du hast nur Hauptschulabschluss. Was, er ist doch katholisch und du bist aus der Kirche ausgetreten. Ja, aber bedenk doch, dass er Ausländer ist und aus einem anderen Kulturkreis stammt. Was, er ist Künstler?! Ja, kann er denn überhaupt eine Familie ernähren? Er ist doch viel zu jung für dich. Also nein, mein Geschmack wäre er nicht, aber jeder hat eben einen anderen Geschmack. Also irgendwie kommt er mir unsicher vor, hat kein starkes Selbstbewusstsein, du brauchst doch aber eine Schulter zum Anlehnen. Er sieht ja wirklich gut aus, aber einen solchen Partner hat frau nie für sich allein. Es ist doch bekannt, dass er gern einen trinkt, na hoffentlich hast du dir keinen zukünftigen Alkoholiker an Land gezogen. Also, irgendwie kommt er mir ziemlich unsportlich vor. Du willst doch aber sicher keinen Stubenhocker, oder? Ja, aber er wirkt auf mich rechthaberisch und besserwisserisch, da wirst du einen schweren Stand haben. Na, ich weiß nicht, er ist doch ein Träumer und Schwärmer, solche kenne ich, die sind nicht alltagstauglich. Wie, er hat dir diesen Schmuck geschenkt, ja will er dich denn kaufen? Warum hat er dich bis heute noch nicht seinen Eltern vorgestellt? Da scheint mir etwas nicht zu stimmen. Hat er denn überhaupt von Heirat gesprochen? Er ist noch verheiratet? Oh, du meine Güte, der kann doch wieder zu seiner Frau zurück. Wie, zwei Kinder hat er auch noch? Willst du denn die Stiefmutter spielen? Und was ist dann mit deinen Kindern? Ach, ein Student ist er? Na, das kann ja erst mal dauern, bis er Geld verdient, und wenn er dann Karriere macht, dann nimmt er sich eine andere. Ja, aber meine Liebe, wie kannst du dich denn in einen Musiker vergucken, die sind doch übersensibel und haben ständig eine künstlerische Krise. Ach, ein Manager, ein Vorstandsmitglied, die leben doch nur für ihren Beruf, sind ständig auf Reisen, und du sitzt zu Hause und langweilst dich. Aber meine Gute, was willst du denn mit einem Bergsteiger, das sind doch Naturfreaks, die nur für ihren Sport leben. Ich verstehe, dass du in ihn verliebt bist, aber könnte es nicht sein, dass du von seinem Promistatus geblendet bist? Ja, aber in einen Gastronomen verliebt man sich doch nicht, du weißt doch, wer nichts wird, wird Wirt. Womöglich sucht er in dir eine preiswerte Kellnerin, die ihm hilft, seinen Betrieb hochzubringen. Ja, aber ein Wissenschaftler ist doch keine gute Partie, der lebt doch eingesponnen in einen Kokon seiner Gedankenwelt. Einstein, das ist ja bekannt, war auch nicht beziehungsfähig. Ja, aber was willst du denn mit einem Arzt. Ärzte arbeiten zwölf Stunden am Tag, um wirtschaftlich über die Runden zu kommen, und du kannst dann seinen Schreibkram erledigen.»

So, nun lasse ich es gut sein mit den Bedenken bezüglich des Denkens. Das alles ist typisch Denken, das ständig Hunderte solcher Bedenken hat. Und diese von anderen geäußerten Bedenken setzen in deinem Geist Denkimpulse frei und stoßen dein eigenes Denken an. Dadurch wird das seelische Erleben in den Hintergrund geschoben und der Zauber der Erotik leider gestört oder oft sogar zerstört.

Deshalb rate ich Liebespaaren, zu schweigen und ihr Herz nicht auf der Zunge zu tragen. Das heißt jetzt nicht, dass Denken generell falsch sei und man blindlings in das Verderben einer Katastrophe laufen sollte. Die Kommunikation mit anderen ist meist jedoch nicht hilfreich, sondern eher schädlich. Schaut doch in euch selbst hinein, in eure Gefühle und betrachtet dann die eigenen Gedanken, die früher oder später kommen. Dann sind wir und bleiben wir bei uns selbst. Eine Liebe braucht solche Freiheit des Selbstseins. In einer Liebe finden wir uns seelisch selbst, ohne dem Ego Nahrung zu geben. Aber das Denken nährt das Ego. Alles, was das Ego aufbläht, gilt dann als gut. Man kann die fatalen Bedenken auch ins Positive umdrehen, und dann sind es Visionen einer goldenen Zukunft. Das ist die Gefahr, der das eigene Denken unterliegen kann. Die Idealisierung ist genauso gefährlich wie die geschilderten Bedenken, die aus dem sozialen Umfeld an einen herangetragen werden.

Wenn das Denken von der sozialen Seite oder aus dir selbst

heraus ins Spiel kommt, dann ist die erotische Liebe in allergrößter Gefahr. Warum ist das so? Weil dann meist damit begonnen wird, mit dem Liebespartner über solche Bedenken oder positive Visionen zu diskutieren. Dann verlagert sich das Seelische und Erotische auf die Ebene des Rationalen. Du kommunizierst dann zwar noch körperlich und seelisch – aber auch im Bereich der Ratio. Und die Ratio beginnt das Seelische und Erotische zu überschatten und langsam aufzufressen. Kennt ihr das? Oder spreche ich von etwas, das keine reale Grundlage hat?

Ich habe das so ähnlich selbst erlebt; das Denken kann zum Erotikkiller werden. Aber was können wir tun, um das zu verhindern?

Bleibe bei dir selbst, bleibe in deiner Seele und sieh den Bereich deiner Seele als ein großes Geschenk des Lebens, um glücklich zu werden, und verweise das Denken, deine Ratio, in seine Schranken. Zu diesem Thema gibt es noch viel zu sagen und in diesem Bereich noch viel zu erkennen. Wir machen das gemeinsam, wenn ihr wollt. Morgen ist ein neuer Tag, und heute Abend beginnt eine neue Nacht.

Weiterführende Gedanken zum Denken

Manche haben mich gestern noch gefragt, warum ich das Denken so kritisch sehen würde, denn schließlich gehöre es doch zu unserer Existenz als Mensch dazu, ich hätte doch auch gesagt, dass Körper, Seele und Geist eine Einheit seien. Natürlich sind sie eine Einheit, aber ich sagte auch, dass man, um das Ganze zu verstehen, auch seine Teile betrachten sollte. Jeder Teil hat seine ganz spezifischen Aufgaben zu erledigen.

Die Hände sind zum Greifen und Festhalten, sie halten Messer und Gabel, und mit ihnen kann man Bilder malen und Kunstwerke schaffen. Die Füße sind Gehwerkzeuge zur Fortbewegung. Im Gehirn (Ratio) befindet sich das Gedächtnis, die Fähigkeit, Sprachen zu erlernen, mathematische Aufgaben zu lösen, sich mit Worten verständlich zu machen, um mit anderen zu kommunizieren. Wie könnte ich also das Denken verurteilen, das wäre doch wirklich absurd.

Ich schätze das Denken und verwerfe es nicht und schon gar nicht *verteufle* ich es, wie es einige überspitzt formulierten. Ich schätze das Denken auch deshalb, weil ich ohne dieses Instrument keine Bücher schreiben und nicht hier mit euch diskutieren könnte. Dafür ist das Denken absolut notwendig, brauchbar und sehr nützlich. So wie deine Hände notwendig sind, damit du eine Skulptur schnitzen oder ein Aquarell malen kannst. Das alles gehört zur Einheit von Körper, Geist und Seele.

So, nun komme ich aber zur Seele, der ich in der Trinität Körper, Geist und Seele einen ganz anderen Stellenwert einräume. Ich behaupte seit jeher, unsere Seele hat eine ganz besondere, herausragende Bedeutung in dieser Dreiheit. Ich versuche das zu erklären. Unsere Hände sind die Werkzeuge, mit denen wir eine Skulptur schaffen oder einen Text schreiben können, denn unsere Hand führt den Kugelschreiber oder tippt die Buchstaben der Tastatur. Dazu liefert das Denken seinen Anteil. Nun bitte aufmerksam zuhören: Um zu merken, ob die Skulptur Schönheit oder Erhabenheit ausstrahlt, dazu benötigen wir unsere Seele. Um zu erkennen, ob ein geschriebener Text nur sachlich richtig ist oder Poesie und Philosophie ausstrahlt und beinhaltet, dazu benötigen wir unsere Seele.

Ich sage deshalb, unsere Seele sollte als etwas sehr Wertvolles erkannt und deshalb sehr gut gepflegt werden. Darauf weise ich unermüdlich immer wieder hin, und dafür habe ich viele Gründe, die ich auch stets benenne. Unsere Seele ist der Bereich, in dem sich entscheidet, ob wir Glücksgefühle erleben, kreativ sind, Kunstwerke schaffen oder als Paar Feminines und Maskulines erleben können. Der Ratio ist dieser Bereich nicht zugänglich.

Ich komme nochmals zurück auf den Geigenspieler, der auf seinem Instrument eine Melodie spielt. Um das Instrument zu beherrschen, braucht er die Fingerfertigkeit seiner Hände, er braucht den Einsatz des Denkens, um Noten erlernen und vom Notenblatt ablesen zu können. So weit sind wir uns doch einig. Damit er jedoch auf der Geige kreativ spielt und ein Künstler ist, kommt doch noch etwas hinzu – und zwar das Seelische. Erst durch dieses Seelische wird sein Spiel gekrönt und zu einem Kunstwerk erhoben.

Nun denken vielleicht manche, das sei ein extremes Beispiel, denn nicht jeder will Geige spielen, Noten lesen können und ein Künstler sein. Das ist richtig, es war ja nur ein Beispiel, das die Ganzheitlichkeit vor Augen führen sollte. Es hat keinen belehrenden Grund, warum ich so vorgehe und argumentiere. An solchen Beispielen wird etwas plastisch dargestellt.

Kommen wir zum ganz realen Alltag des Lebens zurück, in dem statistisch gesehen nur wenige Menschen Geige spielen oder Aquarelle malen wollen. Kommen wir zur Erotik und Liebe zwischen Frau und Mann, denn Erotik erleben wollen fast alle, sagen wir mal fünfundneunzig Prozent, die erwähnten Geigenspieler und Bildhauer natürlich mit eingeschlossen.

Dann sind wir wieder bei der Trinität: Der Körper ist die Basis, und unser Geist (Ratio) ist natürlich auch präsent. Dass in einer Begegnung zwischen Frau und Mann Verliebtheit, Erotik und Liebe entstehen, das ist dieses ganz Besondere, das wir uns genauer anschauen werden. Das Körperliche ist elementar, na klar, und das Denken brauchen wir, um miteinander zu kommunizieren. Beides reicht aber nicht aus, damit Erotik und Liebe entstehen können. Also kommt unsere Seele ins Spiel. Und deshalb halte ich sie für das Wichtigste, deshalb hat sie eine Schlüsselstellung und sollte sehr sorgsam geschützt werden. Das ist doch eigentlich nicht schwer zu verstehen.

Noch ein triviales Beispiel zur Illustration: Du siehst eine Rose, deine Hand kann sie ergreifen und mit dem Messer (Werkzeug) abschneiden, um sie dann zu Hause in eine Vase zu stellen. Deine Ratio sagt dir aus ihrem Gedächtnisspeicher heraus, welchen biologischen Namen diese Rose hat. So weit, so gut. Warum aber machst du so etwas? Weil die Rose schön ist. Damit du ihre Schönheit erkennen kannst, bedarf es deiner Sinne und deiner Seele! Erzähle ich Märchen, oder warum macht ihr mir so einen lethargischen Eindruck? Dort vorne scheint jemand eingeschlafen zu sein. Ist das so langweilig, was ich sage? Ich finde es höchst spannend, was wir gerade gemeinsam untersuchen. Möchte jemand dazu etwas sagen?

Es ist ungewohnt, so über Körper, Seele und Geist nachzudenken. Das Wort «Seele» scheint mir ein Wort, das man geistig nicht fassen kann.

Die Seele ist dem Denken recht fremd, deine Hand ist deinem Denken weniger fremd, weil sie – wie das Denken – auch ein Werkzeug ist. Die Seele aber bildet das Zentrum unseres Seins, sie ist kein Werkzeug, deshalb entsteht vielleicht eine

Art Befremden, wenn man über sie spricht. Wer erotisch liebt, hat solches Befremdetsein verlassen, denn er ist in seiner Seele aktiv. Wer liebt, wird die Rose natürlich nicht mit dem Messer abschneiden und zu Hause in eine Blumenvase stellen. Die Ratio und das Denken machen das aber schon.

So gelangen wir langsam näher ans Zentrum des Lebens und auch dahin, unser Leben erotisch zu leben als Frau und Mann. Sofern ihr mir folgen wollt: Es geht nicht mehr um logische Gedanken, es geht doch darum, etwas mit der Seele zu erfassen, mit allen Sinnen zu erleben und emotional durch und durch zu erfühlen. Dann sind wir bei Erotik. Sie wird nicht vom Denken erschaffen, sie entsteht in der Dimension unserer Seele und nirgendwo sonst.

Das sind starke Worte. Aber was macht dich nur so sicher, das zu behaupten?

Ich habe nichts behauptet, denn ich bin weder ein Guru noch eine Autorität. Alles, was ich sage oder schreibe, ist allen frei zur Diskussion gestellt, über Wörter und Sätze sowohl an eure Ratio gerichtet als auch an eure Seele und deren Gefühle. Ich möchte weder euch noch den Lesern meiner Bücher etwas überstülpen. Es gibt hier keine Lehrmeinung, wir sind schließlich weder eine Sekte noch eine Religion. Alles ist ein Angebot, frei und offen für eure lebendigen Erfahrungen. Schaut in eure Seele und in euer Herz. Dazu möchte ich anregen, denn nur dort können ich und du das finden, was wir suchen und was sich zu finden lohnt. Die Seele ins Zentrum zu rücken ist mein Beitrag, um zur Liebe des Lebens zu gelangen. Es ist gut so, dass ich keine Autorität habe, denn das wäre eine Art von Einflussnahme, das liegt mir fern. Wir sind alle frei, zu sehen oder nicht zu sehen; das ist schon alles.

Wir leben leider in Trennung

Lasst uns einmal die Situation eines heranwachsenden Jugendlichen betrachten. Was bedeuten für ihn Erziehung und Schule? Sein Verhalten wird ständig bewertet als gut oder schlecht, als brav und gehorsam oder als böse und renitent, als intelligent oder dumm. In der Schule wird er nach seiner jeweiligen Leistung mit Zeugnisnoten bewertet, wie seine Klassenkollegen auch. So entsteht im Denken ein Vergleichen: Ich vergleiche meine Note mit deiner Note. Viele sagen, das sei notwendig, denn wir leben in einer Leistungsgesellschaft, in einer Wettbewerbsgesellschaft, die solche Benotungen im Vergleich mit den anderen erfordert.

Das bedeutet, dass die anderen Mitbewerber sind und im Vergleich besser abschneiden wollen. So wird schon in der Schule die Trennung gefördert. Ich bin ich, du bist du, ich habe die Note 2 in Mathematik, du die Note 4. Das Denken mit seiner Leistungsfähigkeit erlangt auf diese Weise eine zentrale Bedeutung. So werden wir darauf konditioniert, die intellektuellen Leistungen besonders hoch zu bewerten.

Die Seele eines Kindes spielt in der Schule eine sehr geringe Rolle. Wie etwas riecht, wie es sich anfühlt, wenn man mit der Hand darüber streicht, na ja, das ist leider eher zweit- und drittrangig. Es geht in der Schule und in der späteren Ausbildung nicht darum, ob wir Liebe zu etwas empfinden, sondern es geht darum, im Gedächtnis Wissen abzuspeichern, das abgefragt und beurteilt werden kann. Die Denkfähigkeit hat absolute Priorität und nicht die Entfaltung des Seelischen. Dort liegt der Ursprung für die Trennung.

Durch die Benotungen von Denkleistungen werden wir auf das Berufsleben oder weiterführende Schulen oder die Universität vorbereitet. Dort geht das dann genauso weiter: Der Kampf um gute Benotungen und der Vergleich mit meinen Kommilitonen oder Kollegen. Wir stehen im Wettbewerb zueinander. Wir lassen unsere Individualität auf eine Benotung reduzieren. Dadurch tritt das Seelische mehr und mehr in den Hintergrund.

Wir leben in Trennung voneinander, denn ständiger Vergleich mit den anderen führt zu solchen Trennungen. Unser gesamtes gesellschaftliches System ist doch so organisiert und konzipiert. Die einzelnen Religionen trennen sich voneinander, und jede Religion behauptet, sie sei die richtige mit der wahren Verbindung zu Gott. Der Kampf lautet dann: Meine Religion gegen deine Religion. Und welche Tragödien sind allein wegen der Hautfarbe eines Menschen entstanden? Weiß gegen Schwarz, Gelb gegen Braun oder Rot. Die Schwarzen Afrikas wurden nach Amerika als Sklaven deportiert, weil die Weißen behaupteten, sie seien eine Herrenrasse. Die Indianer wurden in Amerika in Reservate vertrieben, weil sie ja «nur» Rothäute seien. Und Adolf Hitler hat ca. sechs Millionen Juden umbringen lassen als «Endlösung der Judenfrage». Hybris überall, die aus unserem Denken entsteht, weil das Denken nicht anders kann, als zu vergleichen: das gilt als gut und jenes gilt als schlecht, das als richtig und das als falsch.

Aber andererseits hat unser Denken auch wunderbare Glanzleistungen vollbracht, es hat uns technische Hilfen für den Alltag beschert, den Computer und last but not least das Internet, das uns mit anderen Menschen verbindet. Das Problem ist nur, dass die Menschen durch ihre Ideologien im Kopf voneinander getrennt sind und sich deshalb so schwer tun, sich empathisch miteinander zu verbinden. Solche Trennungen durch das Denken sind tief verankert. Das Verbindende zwischen uns Menschen sind Erotik und Liebe; beide sind etwas Seelisches. Die Erotik ist auch mit der Sexualität verbunden. Sie ist eine Brücke, die jenseits unseres Denkens Energien entfaltet, die zur Annäherung führen.

Wir schauen darauf, wie es in der Gesellschaft, unter Menschen und in der Weltpolitik abläuft. Wir leben – ich hoffe, einige sehen das – jedoch im normalen Alltag und auch in der Politik und Religion in Trennung voneinander. Jeder Einzelne lebt in seinem Beruf in der Leistungs- und Wettbewerbsgesellschaft getrennt von den Kolleginnen und Kollegen. Das ist systemimmanent so, es gilt als ganz normal im Sinne von üblich, im Sinne von statistisch gesehen häufig. Wir sind so konditioniert und haben uns daran gewöhnt. Wir haben unsere Seele zurückgedrängt und uns auch daran gewöhnt, denn die anderen machen das ja genauso.

Wer als Mann seine Seele ins Spiel bringt, gilt außerdem ganz schnell als Weichei und Warmduscher oder als gefühlsduseliger Romantiker. Ihr lacht ... das ist aber doch sehr traurig und überhaupt nicht zum Lachen. Glücklicherweise kommt es in unserer Gesellschaft noch vor, dass eine Frau einem Mann begegnet oder ein Mann einer Frau, sie sich miteinander unterhalten, sich sympathisch finden und sich voneinander angezogen fühlen, weil erotische Gefühle in ihrer Seele entstehen, weil ja Körper und Seele trotz aller Rationalität und dem Glauben an die Macht des Denkens nicht abgestorben sind, sondern sich melden: He, ich bin auch noch da.

Mir scheint, dass die Erotik das übrig gebliebene elementar Verbindende ist, das die sonstige Trennung zwischen den Menschen aufheben kann. Das ist eine wunderbare Energie, die uns unser Denken einmal abschalten und uns einem Mitmenschen mit unserer Seele öffnen lässt. Das ist ein wunderbares Erlebnis, das uns sehr beglückt. Ich hoffe, ihr kennt das aus eigenem Erleben: davon gehe ich jetzt einfach einmal aus.

Es geschieht ein Aufblühen in der Wüste. Dieses Erstaunliche hat etwas sehr Beglückendes. Es wird ein Tor aufgestoßen, ein Tor in den Bereich des seelischen Erlebens und ein Tor zur Freiheit von den Fesseln des Denkens, denn endlich tritt das Denken einen Schritt zurück und gibt der Seele Freiraum, Gefühle zu entfalten. Ein Fenster in die Freiheit hat sich geöffnet, und die Trennungen des Denkens zwischen uns Menschen werden beiseite gelegt.

Das ist wunderschön, und deshalb sagten mir viele, die es selbst erlebten, es sei ein Empfinden, wie «endlich angekommen» zu sein. Übrigens hat das mit Sex nur indirekt zu tun, sondern vor allem mit einer Öffnung des Fensters Liebe, wenn auch gefördert durch die erotische Anziehung. Es geht um die Überwindung der Trennungen, die unter uns Menschen nicht die Ausnahme, sondern die Regel darstellen, weil wir im Denken gefangen sind und im Alltag nur selten mit offener Seele unser Leben leben.

Wir werden das weiter miteinander untersuchen und erforschen, denn alles, was ich beschreibe, ist keine Lehrmeinung von mir. Ich sage nochmals, ich will weder euch noch sonst jemanden belehren. Wir betrachten das zusammen, und jeder entscheidet dann selbst, ob es richtig oder falsch ist. Wenn es falsch sein sollte, dann werden wir es korrigieren müssen und danach weitersuchen, was richtig ist und worin die Wahrheit liegt.

Bewertung ist das Grundproblem

Ihr habt gestern noch ausgiebig über das Thema Trennung diskutiert. Ich glaube, ich habe etwas zu global über dieses Phänomen gesprochen. Es betrifft indes uns alle in unserem Alltag im privaten und im beruflichen Bereich. Aufgrund der Bewertung durch das Denken entsteht ein ständiger Kampf untereinander. Die meisten sind sich gegenseitig nicht wohl gesinnt, weil sie den anderen als Konkurrenten betrachten. Das könnt ihr überall beobachten. Wenn Menschen zusammenkommen, um miteinander zu kommunizieren, dann wird oft über andere gesprochen, die gerade nicht anwesend sind. Wird dann freundlich und wohlwollend gesprochen? Beobachtet es ganz genau: Es wird meist Kritik geübt, es wird verurteilt, und das Negative wird herausgestellt.

Das kann man so aber nicht generalisieren.

Ich sagte meist, ich sagte nicht, dass es immer so ist. Hinter dem Rücken wird über andere meist schlecht gesprochen, sie werden abgewertet. Dann fallen Sätze wie: «Der M. glaubt ein Künstler zu sein, dabei hat er nicht einmal einen eigenen Stil, er macht eher Kitsch als Kunst, wenn ich mir seine Bilder so anschaue. Die P. hat doch eine unterschwellige Aggressivität, vor deren spitzer Zunge sollte man sich hüten. Der K. führt ein Doppelleben; zu Hause spielt er den braven Ehemann, und auf Geschäftsreisen lässt er die Sau raus. Die G. hat sich liften lassen, die sieht ja jetzt aus wie eine Vogelscheuche. Der F. soll in finanziellen Schwierigkeiten sein, man sagt, dass seine Firma kurz vor der Pleite steht. Die C. ist schon zweimal geschieden und will jetzt den F. heiraten. Mein Gott, der Arme, es geht ihr doch wieder nur ums Geld. Die U. hat den Job doch nur bekommen, weil sie mit dem S. im Bett war; so kann man natürlich auch Karriere machen. Der D. spendet nur Geld für diesen Hilfsfond, weil er dadurch in der Presse Publicity für sein Unternehmen kriegt. Meine Güte, wie arrogant ist dieser Z.: Hast du gesehen, wie er sich aufgeplustert hat? Wer hoch steigt, wird tief fallen. Der E. ist ein Neurotiker. Er hat nicht alle Tassen im Schrank, er weiß es nur nicht. Die G. gibt sich immer so gefühlvoll, ob das echt ist? Ich glaube, sie will damit nur Sympathiepunkte sammeln. Hast du das Kleid von J. am Samstag gesehen? Einfach geschmacklos und ordinär. Niemand traut sich ihr das zu sagen. Eigentlich schade um sie. Herr M. soll eine neue Geliebte haben. Das ist der Johannistrieb. Seine Frau tut mir echt Leid; seine junge Geliebte aber auch. Die O. hat sich scheiden lassen. Na ja, ein besseres Geschäft hätte sie nicht machen können. Jetzt kann sie Porsche fahren und sich einen jungen Liebhaber nehmen. Die L. ist ja ganz nett, aber unterhalten kannst du dich mit ihr nicht wirklich, sie ist einfach sehr gehemmt, warum auch immer. Der S. ist ein Hasardeur, ich glaube ihm kein Wort; er will sich nur in den Vordergrund spielen. Nach außen heiße Luft, aber nichts dahinter. Die B. ist ja ein Paradebeispiel für eine Seifenblase; stich sie nur mal an, und alles platzt. Der R. wirkt auf den ersten Blick durchaus sympathisch, aber ich habe Sachen von ihm gehört, die ich nicht beschreiben möchte, das macht mich aber dann doch sehr skeptisch. Die E. hat sich nach ihrer Scheidung wieder neu verliebt. Das gönne ich ihr, aber wenn du den Mann siehst, dann frage ich mich schon, wo ihr Geschmack geblieben ist. Der T. ist ein ganz arroganter Schnösel. Er meint, er wäre etwas Besseres, nur weil er Philosophie studiert hat. Für mich ist er einfach ein Schwätzer und Laberer. Die T. ist ja das Allerletzte, sie gibt vor zu wissen, was die Seele bedeutet und was Wahrheit ist. Ich lasse mich von ihr nicht beeindrucken, davon sollte man sich distanzieren. Die B. spricht mir zu oft von Meditation. Für mich ist das ein schwammiger Begriff. Um im Berufsleben Erfolg zu haben, bedarf es keiner Meditation, sondern eines klaren Verstandes. Der K. liest Bücher über Selbstentfaltung und Kreativität, hat er mir gesagt.

Das sagt doch alles über seine Unsicherheit aus. Wer stark ist, braucht solche Bücher nicht. Der F. ist ja sehr charmant, er hat auch Charisma, aber ich sehe trotzdem in ihm einen Loser in der Gesellschaft. In einen Loser sollte man sich wirklich nicht verlieben; das wäre doch finanziell gesehen fatal. Liebe K., der B. sagte mir, dass er dich liebt. Was hältst du denn davon? Erst einmal beglückwünsche ich dich zu seinem Liebesgeständnis, aber dann frage dich doch selbst, was das für dich wert ist. Willst du von Luft und Liebe leben? Gehört zur Liebe nicht auch materielle Substanz? Du kannst das selbst entscheiden, das ist nur ein kleiner Tipp von mir.»

So weit, so gut. Ich weiß, dass ich euch jetzt überschüttet habe mit diesen Zitaten, die alle aus dem Denken kommen, mit Bewertungen, die in der üblichen mitmenschlichen Kommunikation so oder so ähnlich stattfinden. Es ist ein Wettbewerb und Kampf, Ego gegen Ego. So sind die meisten konditioniert, und das ist unerotisch. Auch wenn das bedauert wird, es ist leider so, die Ratio dominiert und triumphiert über das Seelische. Damit müssen wir im Alltag leben, es erkennen, ohne es vehement abzulehnen oder zu verharmlosen. Es sollte auch nicht weggeschoben und verdrängt werden.

Umso kostbarer erscheinen mir vor diesem sozialkommunikativen Hintergrund die Ereignisse und Erlebnisse der Erotik. Sie werden gerade dann in ihrer Besonderheit und Schönheit sichtbar. Das geschieht in der Seele und lässt alles Vergleichen und Bewerten des Denkens hinter sich, und deshalb kann man von einer anderen Dimension sprechen, wenn Frau und Mann in erotischer Verbundenheit zueinander finden.

Kapitel 3
Sinnlichkeit und Erotik

«In der Erotik liegt ein Sichlosreißen von seinem eigenen Ich.»
Simone de Beauvoir

Lebt jeder in seiner eigenen Welt?

Es wird häufig gedacht und auch gesagt: «Jeder lebt halt in seiner eigenen Welt. Für jeden sind Erotik und Liebe wieder etwas anderes. Es gibt keine allgemein gültige Wahrheit, denn für jeden ist Wahrheit etwas anderes.» Auf den ersten Blick klingt das ziemlich plausibel, und einige bereits angeführte Beispiele scheinen das auch zu belegen. Jeder sieht den anderen aus seiner subjektiven Sicht und kommt so zu den Bewertungen seiner Mitmenschen, die zur Trennung führen, wie wir gesehen haben – und es jeder im Alltag im Kontakt mit seinen Mitmenschen im Beruf und im Freundeskreis mehr oder weniger schmerzlich erlebt.

Wir sind aber gar nicht so getrennt voneinander, wie es den ersten Anschein hat. In elementaren seelischen Phänomenen sind wir gleich. Jeder kennt die Angst und auch die Angst vor der Angst (die das Denken produziert). Jeder von euch weiß, wie sich Angst anfühlt. Alle wissen wir, wie sich Neid anfühlt, wenn jemand etwas hat, das man selbst nicht besitzt, sich aber wünscht. Und jeder weiß auch aus eigenem Erleben, wie sich Eifersucht anfühlt, wenn ein geliebter Mensch sich in Zuneigung einer anderen Person annähert. Wir wissen alle, wie sich Trauer über den Verlust eines Freundes oder das Scheitern eines Projekts anfühlt, das sich nicht realisieren lässt. Und wahrscheinlich kennt jeder aus eigener Erfahrung, wie sich Liebeskummer anfühlt, wenn es zum Beziehungsende gekommen ist.

Das waren jetzt die unangenehmen Gefühle. Genauso ist es bei den angenehmen. Wir wissen, was jemand meint, wenn er sagt, er hätte sich verliebt und sei glücklich. Wir wissen, was gemeint ist, wenn jemand erzählt, er sei beschwingt und voller Energie und Tatendrang. Wir verstehen, wenn jemand sagt, er sei so glücklich gewesen, dass er die Zeit vergessen und sogar sein Ego nicht mehr gespürt hätte, weil er selbstvergessen im Augenblick aufging. Man sagt dann dazu: «Dem Glücklichen schlägt keine Stunde.»

Und dann komme ich zu unseren Sinnen, die wir alle gemeinsam haben. Wir verfügen über Augen, Ohren, Geschmacks- und Geruchssinn, den Tastsinn und kennen die Berührungsempfindungen unserer Haut. Mit diesen unseren Sinnen erleben wir das, was uns umgibt. Wenn du durch die Natur wanderst, dann siehst du die Wiesen, den Teich, einen Baum, die vorbeifliegenden Vögel und hörst das Plätschern des Baches. Der Wind streicht über die Haut deines Gesichts, und du fühlst die warmen Sonnenstrahlen auf deiner Haut. Du siehst den Tau auf einer Blüte im Licht glitzern und berührst ihn mit deinen Fingern und fühlst die zarte, kühle Nässe. Du setzt dich unter einen Baum und lehnst dich mit dem Rücken an seinen Stamm und lauschst den Geräuschen seiner Blätter, die vom Wind bewegt werden. Ich hoffe, ihr kennt das alle aus euerem eigenen Erleben. Unsere Sinne sind gleich – und deshalb verstehen wir alle, was ich beschrieben habe.

Die Wirklichkeit, die uns ungebende Natur, von der wir selbst ein Teil sind, können wir täglich alle mit unseren Sinnen erleben. Die Menschen leben alle in dieser einen Welt, in dieser Realität der Natur, die für uns alle gleich ist.

Ich habe dazu einen Einwand. Wer farbenblind ist, kann nicht alle Farben sehen, deshalb lebt er in seiner eigenen Seh-Welt, die von der sehbaren Welt der anderen unterschieden ist.

Das ist richtig. Farbenblindheit ist jedoch eine Anomalie, sie ist nicht die Regel. Lasst uns nicht über Besonderheiten sprechen, es gibt sie, aber sie sind Ausnahmen. Natürlich gibt es auch Menschen, die taub sind und deshalb das Rauschen des Windes in den Tannen am Waldrand nicht hören können. Die Mehrzahl der Menschen ist aber nicht taub, sondern sie kann hören. Wir leben in der Gegenwart, es geht nicht darum, ob einige nicht alle Farben sehen können, ob einige das Lied der Nachtigall nicht hören können, einige den Duft der Rose nicht wahrnehmen können, weil ihnen der Geruchssinn fehlt, was sicher sehr bedauerlich ist. Dadurch ändert sich nicht die Natur, denn sie ist davon unabhängig das, was sie ist. Deshalb sollten wir glücklich sein, wenn alle unsere Sinne intakt sind, und sie auch nutzen. Wir erleben die Natur mit unseren gesunden Sinnen und sind dabei in unserer Seele alle sehr, sehr ähnlich, vielleicht nicht identisch, aber doch fast gleich, sodass wir erfassen können, was jemand meint, der etwas davon erzählt. Mit seinen Sinnen lebt also nicht jeder in einer eigenen, subjektiven Welt, sondern in der Welt, die uns real umgibt.

Fledermäuse haben einen weiteren Sinn, sie können mit einer Art Echolot Hindernisse erkennen und ihnen ausweichen, das kann der Mensch nicht.

Auch das ist richtig, aber lasst uns bei uns Menschen bleiben. Auch die Bienen haben besondere Fähigkeiten, über die wir Menschen nicht verfügen. Und bei Hunden ist der Geruchssinn viel ausgeprägter als bei uns Menschen. Das führt uns zu weit vom Thema ab. Fledermäuse, Bienen, Delphine, Adler leben auch in dieser einen Natur, die sie mit ihren artspezifischen Sinnen wahrnehmen können und auch müssen, um zu überleben. Ich glaube, dass jedes Tier im Rahmen seiner Fähigkeiten, sinnlich wahrzunehmen, auch seine ganz spezifischen Glücksmöglichkeiten besitzt.

Doch lasst uns zur Spezies Mensch zurückkommen und nicht weiter über Fledermäuse nachdenken. Ich wollte euch vor Augen führen, dass die Behauptung «Jeder lebt nun mal in seiner eigenen Welt» nicht richtig ist. Es leben auf diesem Globus derzeit ca. sechs Milliarden Menschen in der Natur oder Kultur, die für uns die Wirklichkeit darstellt. Wir erleben sie als Menschen, unsere Mitmenschen, mit ihren Sinnen sehr ähnlich, fast identisch. Und in unseren sechs Milliarden Seelen geschehen fast identische angenehme oder unangenehme Gefühle.

Wenn man aber sagt: Jeder lebt in seiner eigenen *Gedankenwelt*, dann ist da schon sehr viel mehr dran. Denkbar ist schließlich alles. Die Gedanken kommen zu unterschiedlichsten Konstruktionen und Mustern. Aber das Denken wollte ich jetzt eigentlich außen vor lassen, denn ich möchte auf unsere Gemeinsamkeiten hinweisen, die uns alle verbinden und nicht voneinander trennen.

Das Denken trennt, das ist klar. Unsere Gefühle und Sinne trennen uns aber nicht voneinander, sondern sie verbinden uns. Ich gehe noch einen Schritt weiter und sage, wir leben in *einer* Welt (Natur) auf *einem* Globus und tragen das biologische Erbe unseres gesamten Menschseins in uns. Als Menschen sind wir durch die vielen Jahrhunderte hindurch eine Einheit, egal, in welcher Region der Welt wir wohnen, gleichgültig, wie das Land heißt und die Ländergrenzen verlaufen oder wie die dort vorherrschende Religion sich nennt.

Alle solche Grenzen wurden vom Denken, von der Politik, von den Machtinteressen einiger weniger gezogen. Davon unabhängig sind wir eins, weil unsere Seelen, unsere Sinne uns miteinander auf dieser einen Ebene vereinen. Die Angst in der Seele des Japaners ist die gleiche wie die Angst des Eskimos. Der Neid des Amerikaners ist der gleiche wie der eines Russen in Sibirien. Die Liebe des Indianers sind Liebesgefühle, die auch ein Europäer erlebt und kennt, unabhängig von Kulturen und Religionen.

Die Rose verströmt ihren Duft für Christen und Moslems, für Frauen und Männer, für Sozialisten und Konservative, für Philosophen und Künstler, für Kinder und Erwachsene, für Reiche und Arme. Es gibt vielleicht einen kleinen Unterschied: Verliebte riechen den Duft der Rose sicherlich intensiver, weil ihre Sinne geschärft und ihre Sinnlichkeit gesteigert ist. Das finde ich schön. Ich nenne das einen erotischen Bezug aller Sinne zur Wirklichkeit. Auch darin sind wir indes gleich beschaffen, alle Menschen auf dieser Erde, unabhängig von den Landesgrenzen, Religionen und politischen Parteien.

Wir leben in einer Welt, in einer Natur, mit unserer Seele und den Sinnen; deshalb können wir uns mit Empathie verstehen und auf solcher Ebene miteinander kommunizieren und uns annähern, die Trennungen des Denkens überwinden, Freiheit fühlen, das Denken an den Nagel hängen, im Dasein der Gegenwart aufgehen, die Zeit und unser Ego vergessen und verliebt sein, weil wir seelische und nicht nur geistige Geschöpfe sind.

Unsere Sinne, die Erotik und das Denken

Ein Sinneseindruck geht zuerst direkt in unsere Seele und wird anschließend auch vom Denken erfasst. Wir sehen eine rote Blüte, sehen, wie schön sie ist, betrachten sie, riechen ihren Duft, erfreuen uns an diesem Erlebnis. Irgendwann hat uns jemand gesagt: das ist eine Rose. Im Gedächtnis wurde dieses Wort dann gespeichert. Demnächst, wenn wir eine solche Blüte mit Dornen am Stiel sehen, dann denken oder sagen wir «das ist eine Rose», obwohl das eigentlich für das seelische Erleben unwichtig ist. Für einen Gärtner und einen Botanikwissenschaftler ist es natürlich sehr wichtig, dafür ein Wort parat zu haben, das ist gar keine Frage.

Ich habe oft erlebt, wenn ich auf Spaziergängen mit Freundinnen, Freunden oder Bekannten in der Natur durch Felder, Weiden und an Teichen entlang unterwegs war, dass meine Begleiter mit dem Denken präsent waren und nicht mit ihren Sinnen. Das zeigte sich darin, dass ständig über Dinge und Probleme gesprochen wurde, die mit der Gegenwart in der Natur hier und jetzt überhaupt nichts zu tun hatten. Sie erzählten mir von ihren Eheproblemen und beruflichen Konflikten. Wenn ich dann sagte: «Schau mal, wie schön das Sonnenlicht durch diese Blätter scheint, die zarten Schatten auf der Wiese, die rotbraune Rinde dieses Baumes, es ist eine besondere Stimmung.» Sie schauten dann zwar kurz hin und antworteten: «Ja, schön, aber ich wollte dir noch sagen, dass ich vermute, für die Geschäftsstelle wahrscheinlich jetzt doch nicht in die engere Auswahl zu kommen.» Wenn das Denken dominiert, zieht sich alles Seelische zurück.

Sie verfügen zwar über ihre Sinne, aber sie schätzen sie gering, es ist ihnen wichtiger, was in ihrem Kopf abläuft, und ziemlich gleichgültig, was ihre Augen sehen, ihre Ohren hören und die Haut ihrer Hand berührt. Das ist sehr schade und traurig. Einige fragen sich vielleicht, warum ich das so ausführlich erzähle, da das doch wenig mit Erotik zu tun habe. Ich behaupte, im Gegenteil, das hat sehr viel mit Erotik zu tun, weil Erotik mit Sinnlichkeit zu tun hat.

Ich sehe ein, dass Erotik über die Sinne abläuft; wie ein Mensch aussieht, wie er lacht, seine Kleidung, wie er riecht; das spielt beim ersten Eindruck, beim Kennenlernen, ja eine große Rolle. Aber danach spricht man miteinander, dazu braucht man das Denken. Wäre man nur auf die Sinne fixiert, würde man ja stumm bleiben und den anderen nur anstarren, das wäre doch wohl sehr unpassend.

Ich habe nicht gesagt, dass man sich auf seine Sinne *fixieren* und das Denken gänzlich ausschalten solle. Beides kann im Wechselspiel sein. Sobald du das Denken brauchst, dann nutzt du es, das ist doch klar und auch richtig. Solange du es nicht brauchst, lässt du es im Werkzeugschrank ruhen, bis du es brauchst. Ich weise darauf hin, dass mit den Sinnen seelisch zu erleben etwas Wertvolles ist, das man nicht vernachlässigen sollte. Ich sage das deshalb, weil viele das leider tun, denn ihr Denken frisst ihre Sinnlichkeit auf, und deshalb habe ich den Spaziergang in der Natur erwähnt.

Ich gebe der Sinnlichkeit die große Bedeutung zurück, die ihr gebührt. Wenn ich verliebt war, bin ich mit meiner Partnerin immer in die Natur gegangen und habe mit ihr Wanderungen gemacht. Da wir uns liebten, waren unsere Sinne sensibilisiert und die Sinneswahrnehmungen intensiviert. Wir betrachteten gemeinsam abends den leichten Nebel über der Wiese, hörten das Rauschen des Windes in den Tannen am Waldrand und rochen den Duft der herbstlichen Luft oder im Mai die Düfte des Frühlings. Wir redeten nicht viel, sondern umarmten uns immer wieder und küssten uns. Starke Gefühle der Verliebtheit und Liebe machen *sprachlos*, das geschieht ganz von selbst, denn das Denken zieht sich zurück, weil die Seele, die Sinne und die dabei entstehenden Emotionen eine große Energie sind. Natur und erotische Gefühle passen wunderbar zusammen: Man setzt sich unter einen Baum ins Gras und wird miteinander eins in diesem gemeinsamen Erlebnis. Ich hoffe, ich erzähle euch nichts von böhmischen Dörfern, sondern ihr habt das alle schon so oder ähnlich erlebt.

Man ist nicht auf die Sinne fixiert, sondern vom sinnlichen Erleben fasziniert. Es wird nicht viel gesprochen. Warum auch? Die Natur erzählt umso mehr, und die Anwesenheit der Partnerin oder des Partners bedeutet so viel. Die Umarmungen und Küsse sind die Sprache unserer Herzen, da brauchen wir nicht die Worte aus dem Denken und schon gar nicht eine Diskussion oder Debatte. Die Kommunikation geschieht dann auf der Ebene der Sinne und der Gefühle unserer Seelen, das ist eine viel schönere Sprache als die Kommunikation mit Worten. Wenn dann aus dem Herzen gesagt wird «ich liebe dich», dann ist genug gesagt. Was will man diesen Worten noch hinzufügen? Eine Umarmung ist dann eine viel elementarere Sprache.

Es ist ein ganz wunderbares Erlebnis, wenn das Denken schweigt, weil es ansonsten ja nur immerzu die Gedanken kreisen lässt und mit Worten zu anderen plappert. Sowohl das Denken als auch das Reden kommen zur Ruhe. Diese Stille schärft Sinne und Sinnlichkeit. Darin liegt die Kraft und Schönheit der Verliebtheit und Liebe zwischen Frau und Mann – und das nenne ich Erotik. Seht ihr den Unterschied zur Sexualität? Von Sex war hier überhaupt nicht die Rede. Wir befinden uns im seelischen Bereich. Sinnlichkeit ist nichts Sexuelles, der Sex kommt später. Sex ist eine Folgeerscheinung der Verliebtheit und Liebe. Für mich besteht zwischen Verliebtheit und Liebe kein Unterschied. Gemeint ist hier natürlich die spezielle Liebe zwischen Frau und Mann und nicht eine Liebe im religiösen, karitativen, sozialen, moralischen oder philosophischen Sinn; darauf werden wir noch zurückkommen.

Wind kommt auf, und der Himmel beginnt sich langsam zu verdunkeln. Meine Geliebte sagt zu mir: «Wir sollten jetzt aufbrechen und zum Auto zurückgehen, ich glaube, es wird bald regnen.» Das war ihr erster gesprochener Satz seit fast einer Stunde, und ich antwortete: «Ja, das machen wir, dann fahren wir zu einem Restaurant, um etwas zu essen, ich liebe dich.»

Wir gehen zurück und spüren den Wind auf unserer Haut und die ersten Regentropfen in unseren Gesichtern. Beim Auto angekommen, steigen wir ein und fahren etliche Kilometer zu dem Restaurant. Aus dem Radio klingt leise Musik. Die Klänge erscheinen schöner als sonst, weil wir sensibilisiert sind. Während der Fahrt streichle ich ihr über den Arm, und sie streicht über meine Hand, während ich einen anderen Gang einschalte. Jeder ist in seine Gefühle versunken, die in seiner Seele nachklingen. Es stellt sich ein Glücksgefühl ein, im Sinne von: Das war sehr schön und ist es noch. Das klingt in der Seele nach.

Worte würden das sehr stören und wären deshalb unangebracht. Wir erreichen das Restaurant, steigen aus und schlagen die Wagentüren zu. Wir betreten das Restaurant und suchen einen Tisch. Das Restaurant ist gut besucht und das Stimmengewirr eine Geräuschkulisse, die auf uns jetzt eher störend wirkt. Die Kellnerin kommt und fragt nach unseren Wünschen. Wir studieren die Speisekarte und holen das Denken aus der Werkzeugkiste. «Ich nehme eine Suppe und den Salatteller – und ich nehme als Vorspeise die Jakobsmuscheln und dann den Broccoliauflauf.» – «Was trinken wir?» – «Ein Wasser und danach einen trockenen Weißwein.» Die Wirklichkeit unter den Menschen hat uns wieder. Aber glücklich sind wir in unserem seelischen Inneren noch immer, denn das mit allen unseren Sinnen Erlebte klingt weiterhin nach. Und deshalb umfassen wir unsere Hände und drücken sie und sehen uns dabei in die Augen. Wir sind glücklich.

Wenn zu zweit glücklich zu sein verliebt genannt wird, dann ist es uns recht. Wenn diesem Glücklichsein aber von einigen Nörglern und Denkern Liebe abgesprochen wird, dann widerspreche ich. Erotische Liebe ist nun mal die spezielle Liebe zwischen Frau und Mann, die sich seelisch so offenbart und gestaltet. Um den heroischen Begriff einer übergeordneten allgemeinen Liebe, überhöht als Liebe im göttlichen Sinne, darum geht es hier doch nun wirklich nicht. Solche Gedankenspiele kommen dann erst viel später, denn das Denken liegt ja auf der Lauer, um aus seinem Werkzeugschrank auszubrechen und sich wieder einzumischen.

Reden und Diskutieren

Ich möchte unser gestriges Thema noch weiter fortsetzen. Die Kellnerin brachte die Speisen und Getränke an unseren Tisch. Wir sitzen uns gegenüber und genießen gemeinsam; auch Gaumenfreuden sind ein sinnliches Erlebnis. Und danach bei einem Glas Wein wird erzählt, was man gestern gemacht hat und morgen vorhat. Jetzt wird das Denken aktiv, um Sätze zu formulieren und Gedanken auszutauschen.

Es entwickelt sich ein Gespräch, aber noch keine Diskussion; die Seele schwingt dabei mit. Körper, Seele und Geist erleben sich in ihrer Einheit. Das Denken und das Gespräch gehen erst dann in eine Diskussion über, wenn Themen angesprochen werden, die zu kontroversen Meinungen führen, dann verschiebt sich die Energie mehr und mehr in den Kopf, und die Seele zieht sich zurück. Das sollte man zwar vermeiden, aber es geschieht dennoch nur allzu oft, weil wir es nicht anders gewohnt sind. Gedanken sind in aller Regel zumeist unsinnlich. Wir gelangen dann schnell zu Themen, die Grundsatzfragen zwischen Frau und Mann sein können: Was hältst du von der Ehe? Sind Menschen eher polygam oder eher monogam?

Nehmen wir jetzt einmal an, in einer solchen Situation sagt der Mann völlig spontan und ohne groß nachzudenken:

«Neueste wissenschaftliche Forschungen haben ergeben, dass wir Menschen von Natur aus eher polygam als monogam sind und auch neunzig Prozent der Tiere polygam leben.» Das kann eine Diskussion auslösen, wenn die Partnerin dazu etwas pikiert meint: «Na, das kann doch wohl jetzt nicht dein Ernst sein, das würde doch die Ehe in Frage stellen. Und du musst doch dabei auch an die Kinder denken, die aus einer Ehe hervorgehen. Deshalb ist Verlässlichkeit notwendig. Eine Frau will sich geborgen fühlen und Vertrauen zu ihrem Partner haben. Wären wir Menschen polygam, dann könnte sich ein solches Vertrauen nicht aufbauen, dann wäre eine solche Ehe auf Sand gebaut.»

Wenn der Mann dann darauf antwortet: «Du denkst an Sicherheit, aber Sicherheit gibt es nicht, denn alles ist in Bewegung und im Fluss, das einzig Beständige ist der Wandel», und die Frau kontert: «Das sind philosophische Spitzfindigkeiten. So wollen sich Männer doch nur herausreden und aus ihrer Verantwortung stehlen», dann fühlt sich der Mann angegriffen, er sei spitzfindig und wolle Verantwortung negieren. Dadurch fühlt er sich kritisiert und gelangt in die Verteidigungsposition. Er sagt vielleicht: «So habe ich es nicht gemeint, ich sagte doch nur, dass Monogamie nach wissenschaftlichen Erkenntnissen nicht unserer biologischen Natur entspricht. Das bedeutet doch nicht, dass ich Verantwortung ablehnen würde.»

Damit hat er sich den Schuh angezogen. Zunächst war das ein durchaus interessantes Gesprächsthema, und nun lenkte die Frau es in Richtung Verantwortung und Verlässlichkeit, und unvermittelt steht der Mann in der Erklärungsnot, sich zu verteidigen, um nicht den Zorn seiner geliebten Partnerin auf sich zu ziehen und dennoch seine Gedanken nicht zu verraten. Solche Gespräche schärfen das Denken, verlagern alle Energie in den Kopf, die Sinne ziehen sich zurück, und in der Seele zieht sich damit zwangsläufig auch das Glücksgefühl zurück. Solche Diskussionen sind erotikfeindlich.

Eine junge Frau steht entrüstet auf und ruft mir zu: *Ich empfinde es als diskriminierend, wenn du sagst, dass ein solcher Gedankenaustausch erotikfeindlich wäre. Das halte ich für typisch machohaft. Ihr Männer stellt die Sinnlichkeit in den Vordergrund und wollt danach nicht die Verantwortung übernehmen!*

Niemand wird diskriminiert, weder die Frauen noch die Männer. Das Denken ist zwar nicht prinzipiell erotikfeindlich, aber ihm ist Erotik einfach nicht zugänglich. Erotik ist männlich und weiblich, also deshalb nicht machohaft. Die Sinnlichkeit ist für Frau und Mann ein Bereich, der nur seelisch erlebt werden kann. Für Frauen und Männer ist sinnliches Erleben in Liebe doch gleich wichtig. Der Begriff der Verantwortung kam danach aus dem Denken in die Diskussion. Es wurde auch nicht behauptet, dass erotische Gefühle verantwortungslos seien. Sie sind, was sie sind, sie sind schön und führen uns zusammen. Du fühlst diese Verbindung, die sehr beglückend ist und alle Angst beseitigt. Es entsteht eine große innere Weite und eine besondere Ruhe in beiden Seelen eines Liebespaars.

Nun aber kommt das Denken im Restaurant ins Spiel und diskutiert über diese und jene Themen; dann beginnen sich Frauen und Männer schnell zu streiten. Und plötzlich wird der Liebhaber mit dem Etikett «machohaft» und die Frau vielleicht mit dem Label «Emanze» versehen. Dadurch ist ein Streit vorprogrammiert. Solche Streitgespräche können stundenlang bis tief in die Nacht hinein geführt werden. Da sie auf der Ebene des Denkens ablaufen, wird der Kopf immer wichtiger, und das Ego tritt hervor und will Recht haben. Die Diskussion entwickelt sich zum Streitgespräch, ich gegen dich, du gegen mich, ich habe die guten Argumente, du hast die schlechteren, und jeder baut seine gegen den anderen auf. Das ist der Vorgang der Trennung, «ich sehe es so, du siehst es anders, du siehst es aber so, man sollte es aber auch einmal so sehen», argumentiert das Denken. Mit sinnlichem Erleben hat das gar nichts zu tun, denn das Denken kann nicht sinnlich sein. Nur deine Augen können Farben sehen und deine Ohren das Rauschen des Windes hören. Solche Diskussionen sind also leider weit weg von unseren Sinnen und ihrer Sinnlichkeit.

Ich verstehe, was du damit sagen möchtest. Aber was kann man dagegen tun? Erotik allein ist einfach nicht möglich, denn das Denken und solche Diskussionen sind unausweichlich, sie gehören zu unserem Menschsein dazu.

Danke für diese Gedanken zum Thema, ich würde mich sehr freuen, wenn wir das weiter vertiefen könnten. Ich behaupte, Erotik ist zusammenführend, und unser Denken, die Kopfarbeit, trennt uns anschließend in Diskussionen und Streitgesprächen wieder voneinander. Darin sehe ich ein erotikgefährdendes Problem, das man auch mit Sex nicht auflösen kann. Denn der Stachel verschiedener Denkweisen sitzt ja meist tief im Gedächtnis. Unsere Seele vergisst indes die uns verbindenden sinnlichen Stunden glücklicherweise nicht. So entstehen zwei Energien in einer Person: die Erfahrung der Sinnlichkeit und Liebe und die Erinnerung an Streitgespräche und die Rechthabereien des Denkens in solchen Diskussionen. Das wollte ich deutlich machen. Jeder kann daraus seine eigenen Schlüsse für sein persönliches Leben ziehen. Ich halte es für gut, das zu erkennen und es nicht nur mit dem Denken im Gedächtnis abzuspeichern, sondern zu fühlen, wie sich das anfühlt.

Die Erotik ist eine abenteuervolle Dimension des Erlebens; sie geschieht fernab vom Denken, sie ist keine Diskussion mit Worten, sondern ein Gleichklang von Gefühlen, verbunden mit den Sinnen unserer Sinnlichkeit. Dort ist kein Mann ein Macho und keine Frau eine Emanze, dort ist kein Mann eine

Rollenfigur in der Gesellschaft und keine Frau mit irgendeinem Etikett versehen.

Erotik geschieht in solcher Freiheit. Deshalb sollten wir auch über Freiheit miteinander reden. Es ist ein sehr schwieriges Thema, weil so viele Barrieren des Denkens verhindern, frei zu sein und Freiheit zu erleben. Freiheit ist das Erotischste zwischen zwei Menschen überhaupt. Freiheit lässt alle Andersartigkeiten zu – und solches Anderssein zieht uns dann immer mehr an, als dass es uns abstößt. Darüber sollten wir weiter sprechen, sofern ihr wollt.

Erotik geschieht unabhängig von der Sexualität oder der Ratio. Die Mehrzahl der Menschen interessiert sich aber mehr für Sexualität als für Erotik. Das könnt ihr selbst beobachten, denn ich behaupte es nicht nur so. Überprüft es einfach einmal, was geschieht, wenn ihr verliebt seid. Oder erinnert euch an eure ersten Liebesgefühle und die damaligen Erlebnisse und Emotionen.

Kapitel 4
Jenseits des Denkens erblüht die Erotik

«Wo Liebe rechnet, ist sie bettelarm.»
William Shakespeare

Energie ist erlebbar

Es hat einen tieferen Grund, warum ich immer wieder auf unsere Sinne und ihr seelisches Erleben hinweise. Eine Wanderung in der Natur sensibilisiert die Sinne: Man riecht den Duft der Tannen, sieht das Licht durch die Bäume fallen. Ich empfehle allen, sich so oft wie irgend möglich draußen in der Natur aufzuhalten, entweder allein oder mit dem Liebespartner. Wenn ihr gerade keine Liebe erlebt, dann geht besser allein in die Natur, damit kein Gesprächspartner euch mit seinen Gedanken und Themen in seine gesprochenen Worte hineinzieht. Denn sobald das Denken mit Worten aktiv ist, zieht sich die Seele zurück, und die Sinne wollen sich nicht mehr voll und ganz öffnen.

Ich zitiere ein Gedicht von Rilke, weil es in poetischer Form das aussagt, was ich euch als Liebenden ans Herz legen möchte. Rilke war nicht nur ein großer Dichter, wahrscheinlich der bedeutendste Lyriker deutscher Sprache, er war auch ein geistig Sehender. Er war als Sprachkünstler ein Genie, der gleichzeitig auch die Zeit überdauernde, unvergängliche Inhalte in seine Verse einfließen ließ. Nun sein Gedicht:

«Ich fürchte mich so vor der Menschen Wort:
Sie sprechen alles so deutlich aus:
Und dieses heißt Hund und jenes heißt Haus,
und hier ist Beginn, und das Ende ist dort.
Mich bangt auch ihr Sinn, ihr Spiel mit dem Spott,
sie wissen alles, was wird und war,
kein Berg ist ihnen mehr wunderbar;
ihr Garten und Gut grenzt grade an Gott.

Ich will immer warnen und wehren: Bleibt fern.
Die Dinge singen hör' ich so gern.
Ihr rührt sie an: sie sind starr und stumm.
Ihr bringt mir alle die Dinge um.»

Es ist doch interessant, dass gerade der Lyriker Rilke, der Worte liebte, um mit ihnen Gedichte in Sprache zu fassen, sich vor der Menschen Wort «fürchtet». Was steckt da dahinter? «Sie sprechen alles so deutlich aus: Und dieses heißt Hund und jenes heißt Haus, und hier ist Beginn, und das Ende ist dort», schreibt er.

Was stört ihn daran, dass die Menschen alles so «deutlich» aussprechen? Das habe ich gemeint, als ich von der Rose sprach, die unsere Sinne und Seele berührt und der es gleichgültig ist, ob man sie Rose nennt. Allem sinnlichen Erleben ist der Name völlig unwichtig, aber das Denken braucht immer ein Wort für alles, möchte es unbedingt benennen. Das Wort ist indes nur ein Wort, es ist nicht das konkret gegenwärtig Erlebbare selbst.

Du brauchst im sozialen Kontakt Worte, um mit anderen zu kommunizieren, dich zu verständigen; das ist absolut notwendig. Indes, jenseits der Worte geschieht das Lebendige, das Eigentliche, die Wirklichkeit, die nur mit den Sinnen seelisch erfasst werden kann. Ist das verständlich?

Meinst du, man sollte die Worte beiseite lassen, wenn man etwas erlebt?

Deine Frage gefällt mir, weil sie die Antwort bereits enthält, wenn man am Satzende das Fragezeichen weglässt. Dann sind wir im Erleben der Wirklichkeit intensiv präsent, dort, wo sich Erotik entfaltet; denn Erotisches ist etwas Seelisches. Dem Denken und den Worten ist dies aber verschlossen.

Nun möchte ich auf das Rilke-Gedicht zurückkommen: «mich bangt auch ihr Sinn, ihr Spiel mit dem Spott, sie wissen alles, was wird und war; kein Berg ist ihnen mehr wunderbar.» Wenn wir uns im Bereich des Denkens mit seinen Worten bewegen und sie aussprechen, dann wird in der Ratio ein Sinn und Unsinn konstruiert, und dadurch entsteht ein Spiel mit dem Spott. Das Denken plustert sich sehr schnell als allwissend auf. Spott ist allerdings meist destruktiv in Diskussionen. Spott ist verwandt mit Ironie, Hohn, Sarkasmus oder Abwertung, Spott trennt die Menschen in der Kommunikation. Über Spott können dann höhnisch die Spötter, die sich einig sind, gemeinsam lachen, aber dann trennt es eben nur eine Gruppe von einem Einzelnen oder von einer anderen Gruppe, über die gespottet wird.

Worte sind sehr trefflich für spöttische Bemerkungen geeignet. Worte sind dann wie Gegenstände, sie können konstruktiv helfen und Schönheit vermitteln (etwa Lyrik), aber sie können auch destruktiv eingesetzt werden und verletzende bis vernichtende Wirkungen haben. Das war Rilke bewusst, weil er nicht fernab in einem Elfenbeinturm einfach bloß schöne Gedichte schrieb, sondern die Botschaft seiner Erkenntnisse an die Menschen weitergeben wollte. Das macht den großen Künstler aus, der neben formaler Kreativität etwas aussagen kann. Und weil das bei Rilke so war, ist er so bedeutend – und achtzig Jahre nach seinem Tod immer noch unvergessen.

Die Größe seines Gedichts liegt darin, dass er nach den ersten acht mit nur vier Zeilen seine eigentliche Botschaft herausstellt: «Ich will immer warnen und wehren: Bleibt fern. Die Dinge singen hör' ich so gern. Ihr rührt sie an: sie sind starr und stumm. Ihr bringt mir alle die Dinge um.»

Was meint er mit «bleibt fern?» Ich interpretiere das so: Er meint, bleibt ihnen mit dem Denken und mit den Worten fern; davor wollte er warnen – und ich gebe ihm Recht. Er hört die Dinge so gern singen. Was ist damit gemeint? Jedes Ding, jede Pflanze, jedes Tier, jeder Stein und jeder Mensch hat eine eigene Ausstrahlung und damit seinen eigenen Gesang. Das Denken (die Ratio) kann diesen Gesang nicht hören. Wir können es nur singen hören, wenn wir unsere Seele und alle unsere Sinne öffnen. Mit Worten rührt man sie an, und dadurch werden sie «starr und stumm»: Darin liegt eine elementare Erkenntnis. Rilke war ein großer Psychologe, wie es außer ihm auch die meisten großen Poeten waren und sind.

Wenn wir die Rose oder das Plätschern des Baches mit dem Denken anrühren, dann werden wir «starr und stumm»; natürlich nicht die Rose selbst, sie bleibt, wie und was sie ist, sie lässt sich davon ja nicht anrühren. In uns selbst, in unserem Erleben, in der Ganzheit jedes einzelnen Menschen, in der Körper, Seele und Geist in einer Einheit sind, dort, einzig und allein nur dort, werden sie «starr und stumm», sobald sie nicht mehr seelisch-sinnlich erlebt werden, sondern unsere Ratio sie anrührt, anfasst, katalogisiert, bewertet, in Worte fasst, mit Namen benennt, wissenschaftlich analysiert und darüber diskutiert.

Und dann dieser geniale Schlusssatz seines Gedichts mit nur 26 Buchstaben. «Ihr bringt mir alle die Dinge um.» In diesem kurzen Satz ist eine Prognose für die Zukunft enthalten.

Aber zunächst sollte natürlich erst einmal von uns verstanden werden, was es bedeutet, diese Dinge umzubringen. Und warum geschieht es? Wie ist möglich, dass das geschieht? Kann man etwas dagegen tun? Auch die Antwort auf diese Frage ist im Gedicht übrigens enthalten.

Ich möchte dazu nun etwas sagen. Ich verstehe nicht, warum du dieses Gedicht so ausführlich darstellst. Wir sind hier in einem Erotikseminar, und ich frage mich – und auch dich –, was hat das mit Erotik zu tun? Wir sind doch hier nicht in einem Lyrikseminar.

Es geht mir nicht um Literatur, es geht nicht um die Schönheit von Lyrik, es geht um Erotik. Und ich fasse deshalb zwei Rilke-Zeilen zu einem Vers zusammen: «Die Dinge singen hör' ich so gern. Ihr bringt mir alle Dinge um.» Wird es jetzt verständlicher? Die Dinge singen, ich lausche ihrem Gesang, aber das Denken mit seinen Worten bringt sie um, das bedeutet, dass die Seele sich zurückzieht, sobald das Denken sich in den Vordergrund schiebt. So ist es auch um die Erotik bestellt, um die seelisch-sinnliche Begegnung einer Frau mit einem Mann. Ich wandle das Gedicht deshalb etwas ab: Meine Geliebte singen höre ich so gern, ihr rührt sie an mit eurem Denken, mit der Ratio und bringt mir dadurch das Seelische und Erotische um.

Erotik entsteht niemals aus dem Denken heraus oder aus den Wörtern des Denkens. Sie bleibt respektvoll dem Denken fern und nähert sich mit der Seele empathisch an. «Die Dinge singen hör' ich so gern.» Was bedeutet das? Jeder Mensch, ob Mann oder Frau, hat seine eigene Ausstrahlung, seinen eigenen Gesang; diesen zu sehen, zu riechen, zu schmecken und zu hören, das ist gemeint. Dort entsteht Erotik, die ihren Charme entfalten kann. Das Denken und seine Wörter kommen erst danach und bringen dann meist die Erotik um. Das geschieht täglich millionenfach, und das ist eine Katastrophe.

Erleben ist wichtiger als Wissen

Die «singenden Dinge» in Rilkes Gedicht haben gestern noch zu vielen Diskussionen geführt. Euer Denken hat sich damit sehr beschäftigt. Es wird häufig argumentiert, dass Rilke sich selbst widersprechen würde, weil er ja selbst Worte benutzte, um sich auszudrücken und verständlich zu machen. Sie sind aber nur ein Hilfs- oder ein Transportmittel, um eigene Erkenntnisse von der Wirklichkeit zu vermitteln. Rilke hat sein eigenes Erleben und Erkennen in Sprache gefasst und in die Form dieses schönen Gedichts gegossen.

Das aber ist nicht alles, denn es wäre zu oberflächlich betrachtet, nur die Schönheit seiner verbalen Poesie zu sehen. Der Inhalt ist oft bedeutungsvoller als die Schönheit der Sprache. «Die Dinge singen hör' ich so gern», schreibt er in seinem Gedicht. Darauf kommt es an, denn das schreibt er aus seinem Erleben und nicht aus dem Denken heraus. Sein Denken kam danach, zuerst hörte er die Dinge singen, danach erst flossen Worte in sein Gedicht. Deshalb wiederhole ich mich und sage, dass das Erleben von elementarer Bedeutung für unser Leben ist. Das ist doch im Grunde nicht schwer zu verstehen. Oder etwa doch?

«Die Dinge singen hör' ich so gern» – mit diesen Dingen meint er alles, die Menschen, die Tiere, die Berge und Flüsse, die Bäume und Sträucher, die Blüten und Seen, die Schmetterlinge und das Meer, die Sonne, den Mond und die Sterne. Stoßt euch nicht an dem Wort «Dinge», weil wir heute im allgemeinen Sprachgebrauch zumeist unter einem Ding einen Gebrauchsgegenstand verstehen. Rilke meint jedes Ding, alles, was wir mit unseren Sinnen wahrnehmen können. Und jedes Ding hat seine eigene Ausstrahlung auf unsere Sinne und deshalb seine eigene Melodie. Alles hat seinen eigenen Klang, sowohl akustisch als auch optisch, farblich und auf seine Form bezogen. Das wahrzunehmen, dafür sollten wir unsere Sinne öffnen, um es einzulassen in unsere Seele und die Welt der Gefühle. Dort ereignet sich Erleben und kein Wissen.

Jedes Erleben geschieht direkt in der Gegenwart mit Aufmerksamkeit und Wachheit unserer Sinne im Augenblick, ganz konkret lebendig im Jetzt. Es geschieht jetzt und sofort, ohne die Distanz aus einer Erinnerung. Erleben ist deshalb stets frisch und immer neu. Alles, was aus der Erinnerung (gespeichert im Denken) kommt, ist nicht neu, es wird nur aus dem Gedächtnis reproduziert. Neues geschieht im Erleben selbst, nicht aus den im Gedächtnis gespeicherten Erinnerungen heraus.

Die Dinge singen hör' ich so gern; sie singen nur in der Gegenwart des aktuellen Erlebens wirklich. Aus dem Gedächtnis heraus sind sie Vergangenes, also blasse Reproduktion. Beobachtet es selbst: Erinnerter Gesang ist kein so intensiver Gesang wie ein in der Gegenwart erlebter Gesang. Der Duft der Rose aus der Erinnerung ist immer recht fad und schal im Vergleich zur konkreten gegenwärtigen Wirklichkeit des Rosenduftes.

Noch ein konkretes Beispiel: Du hattest eine wunderschöne erotisch-sexuelle Liebesnacht mit einer Frau oder einem Mann und erinnerst dich gern daran. Das Denken stellt sich vor, was man daraus noch alles hätte machen können und vielleicht in Zukunft machen sollte. Die Phantasie ist ziemlich grenzenlos. Sind Vorstellungen und Phantasien die Wirklichkeit? Natürlich nicht. Ich sage immer: vorstellbar und phantasierbar ist zwar vieles; dort ist jedoch nicht der Bereich, in dem die Dinge wirklich singen. Dort verbinden sich Erinnerung und Wissen mit Vorstellungen und Träumen. Auch das kann man in Worte fassen, in Bildern malen oder als Musik komponieren, der Phantasie sind ja keine Grenzen gesetzt. Dort sind wir im Denken, im Geist, in Wissen und Visionen, dort ist nicht die Wirklichkeit, denn sie ist nur real lebendig, wo die Dinge singen und nicht das Denken einen Song kreiert und erfindet.

Rilke schreibt, dass er die Dinge so gern singen hört, und nicht, dass er die Vorstellungen und Phantasien, die aus dem Denken geboren wurden, gern singen hört. Das Erleben in der Gegenwart, dort allein geschieht, worauf es wirklich ankommt. Das klingt vielleicht etwas abstrakt, aber ich kann es nur mit solchen Worten beschreiben, die nicht die Wirklichkeit sind. Jenseits der Worte singen die Dinge. Und nur dort geschieht und entfaltet sich Erotik. Das solltet ihr jetzt sehen und erkennen. Ich halte das für sehr elementar, um sich selbst besser zu verstehen. Da ich in eure ratlosen Gesichter schaue, möchte ich euch fragen, was daran so unverständlich ist?

Es stößt mir immer wieder negativ auf, dass du sagst, dass das Wissen im Gedächtnis unwichtiger wäre als das Erleben. Warum sollen Gedanken, Vorstellungen und Phantasien, die aus dem Denken kommen, schlechter sein, als die Dinge singen zu hören?

Deine Frage bringt uns wirklich weiter. Was stört dich daran, dass das Denken unwichtiger sei als das Erleben? Könnte das damit zusammenhängen, dass wir dem Denken eine sehr große, vielleicht zu große Bedeutung beimessen? Warum aber schätzen einige, nicht alle natürlich, das Erleben im Vergleich dazu geringer ein? Die erlebte Erotik entsteht im konkreten Erleben, nicht aus unserem Denken heraus, auch nicht aus den Vorstellungen und Phantasien. Deshalb sind die vom Geist (Ratio) produzierten Phänomene nicht unwichtig oder «schlechter», sie sind nur auf einer anderen Ebene. Darauf wollte ich hinweisen. Von schlechter oder besser war keine Rede. Das Wissen ist das eine, das Erleben ist das ganz andere. Ich halte Erleben allerdings für wichtiger als Wissen. Wenn Gedanken, Vorstellungen und Phantasien vom Erleben abhalten, dann ist das nicht «schlecht», aber es wird dann schwierig, die Dinge wirklich singen zu hören.

Ich mache euch einen Vorschlag: Geht in die Natur und schaut auf das, was ihr seht, lauscht auf alle Geräusche, die ihr hört, berührt mit eurer Hand eine Blüte oder das Wasser des Baches, setzt euch in eine Wiese im Morgentau, lehnt euch an einen Baumstamm im Morgengrauen vor Sonnenaufgang und blickt in den Wolkenhimmel, in dem die Sonne am Horizont aufsteigt.

Lauscht den Stimmen der Vögel und achtet aufmerksam auf das Rascheln der Blätter eines Baumes im Wind. Geschieht dort ein Erkennen, das frei ist von den Worten der Menschen, dann hörst du die Dinge, die gesamte Natur, singen. Das ist ein Erleben, das jenseits des Denkens mit seinem Wissen geschieht. Dort findest du Freiheit, in Wachheit Gegenwart zu erleben, und du bist in der Wirklichkeit, die jenseits des Denkens existiert und sehr erotisch ist. Über deine Sinne gelangt das direkt in deine Seele, in die Gegenwart deines Seins, du bist präsent, und dort ist die Intensität, lebendig zu sein, in solchem Zentrum der Präsenz entsteht auch die Erotik zwischen Frau und Mann. Ein solcher Zugang zur Erotik ist vielen fremd. Das verstehe ich durchaus sehr gut. Lasst die Dinge, die Menschen und die Tiere, die Blüten und Wälder, die Berge und Täler, die Wolken und Seen ihr Lied offenbaren. Dort ist die Energie zu Hause. Das ist das Geheimnis dieser Energie: Sie offenbart sich nur einer geöffneten Seele, sie kann nicht mit dem Verstand, dem Willen oder mit Einsatz einer Strategie erfühlt und erfahren werden. Es kommt in deinem Leben auf solches Erleben an, nicht auf Wissen oder Erinnerungen, die im Gedächtnis gespeichert wurden. Darin liegt das Geheimnis der zauberhaften Energie der Erotik zu einer Frau oder einem Mann.

Jenseits des Denkens

Ich möchte nochmals auf unsere Ratio zurückkommen. Wir sprachen darüber, dass sich Erotik entfaltet, sobald wir unsere Sinne öffnen und mit der Seele die Sinneseindrücke erfühlen.

Es stellt sich die Frage, ob Erotik auch allein im Denken entstehen kann, unabhängig von unserer Sensitivität. Was ist eure Erfahrung zu dieser Frage?

Erotik und Liebe können auch im Kopf entstehen, wenn ich mir meine Partnerin vorstelle.

Vorstellungen, Phantasien, Ideen, Wünsche, Hoffnungen, das alles entsteht im Kopf durch das Denken. Du stellst dir vielleicht vor, wie schön es wäre, würde die nächste Begegnung wieder so romantisch verlaufen wie die letzte, an die du dich erinnerst. Phantasien schmücken das zukünftige Treffen aus, das sind Vorstellungen, die das Denken produzieren kann. Ideen kommen hinzu, denn Ideen kann das Denken erschaffen, je nach seiner Kreativität. Wünsche und Hoffnungen hängen zusammen, was man sich wünscht, das erhofft man ja auch gleichzeitig. Du sagst, dass du dir deine Partnerin vorstellst. Welche Partnerin meinst du, diejenige, in die du bereits verliebt bist, nehme ich an.

Ja, das ist richtig. Wenn ich sie mir vorstelle, dann kann ich darüber nachdenken, wie unser nächstes Treffen verlaufen wird, und so entstehen dann Erotik und Liebe in meinem Kopf.

Es ist doch so, dass du in deine Partnerin bereits verliebt bist. Deshalb kommen Erotik und Liebe nicht ursächlich aus deinem Kopf, denn sie entstanden viel früher im seelischen Erleben. Das Primäre des Verliebtseins geschah auf der seelischen Ebene. Da der Kopf sich nun darüber Gedanken macht und Vorstellungen, Ideen, Wünsche und Phantasien ins Spiel bringt, geschieht das zeitlich gesehen danach. Diese Reihenfolge zu sehen halte ich für wichtig.

Willst du damit sagen, dass Liebe und Erotik nicht aus dem Kopf kommen? Der Kopf begleitet sozusagen Erotik und Liebe nur gedanklich.

Er begleitet unsere Gefühle in positiver, aber mitunter auch in negativer Weise. Wenn du positive Vorstellungen für das nächste Treffen kreierst, dann entsteht eine Vorfreude darauf, du malst dir aus, wie schön es werden könnte. Das ist nicht die Wirklichkeit, es sind nur Phantasien. Die Realität geschieht erst beim nächsten tatsächlichen Treffen.

Im Denken entstehen aber auch Zweifel und Bedenken. Die Ratio ist meist voller Bedenken. Unser Intellekt wurde so geschult, alles in Frage zu stellen und positive und negative Aspekte gegeneinander abzuwägen. Diese Bedenken können sich auf Erotik und Liebe sehr störend auswirken. Wir sprachen darüber schon im Zusammenhang mit den Meinungen anderer im sozialen Umfeld. Ihr erinnert euch vielleicht an meinen Rat, über eure neue Liebe mit anderen möglichst nicht zu reden, weil deren Denken euch im Gespräch mit vielen Bedenken konfrontieren wird, die gar nichts mit euch und eurer Liebe zu tun haben. Bedenken können indes auch, unabhängig von den Meinungen der anderen, in eurem Denken entstehen, sich langsam entwickeln und ihre Kräfte entfalten.

Das habe ich selbst erlebt. Ich war in eine Frau verliebt und überlegte mir oft, ob ich sie heiraten könnte – und alles sprach eigentlich dagegen. Ich möchte die Gründe jetzt nicht einzeln aufführen, das würde zu lange dauern. Jedenfalls war die Folge meiner Gedanken, dass ich ihr gegenüber immer kritischer und distanzierter wurde. Sie spürte das natürlich, und letztlich führte das dann dazu, dass die erotischen Gefühle nicht mehr aufkamen und wir uns mehr und mehr entfremdeten und schließlich trennten. Mein Denken war die Ursache dafür.

Das ist ein gutes Beispiel dafür, wie die eigenen Bedenken die Erotik verhindern und blockieren können, das ist kein Einzelfall, das geschieht sehr oft.

Willst du damit sagen, dass das Denken erotikfeindlich sei?

Nein, das will ich so generell nicht sagen. Das Denken kann durchaus erotik*freundlich* sein, wenn es in den Erinnerungen schwelgt und sich erotische Phantasien ausmalt. Es ist erst dann erotik*feindlich*, wenn es damit beginnt, viele Gründe herbeizuzitieren, an denen die Liebesbeziehung möglicherweise scheitern könnte. Es gibt sehr viele Gründe und Bedenken, weil wir ja in eine soziale Gemeinschaft eingebettet sind, einen Beruf ausüben müssen, um unseren Lebensunterhalt zu verdienen, einer Religionsgemeinschaft angehören, einer politischen Partei oder auch nicht. Es spielt eine Rolle, in welcher Familie wir aufwuchsen, welche Schulen wir besuchten und welches Lebensalter wir haben. Hieraus können viele Bedenken erwachsen, die uns zu der Überzeugung bringen, dass diese Beziehung letztlich nicht «passt». Dort liegt dann der Ursprung für Entfremdung.

Es ist eigentlich schade, dass solche Bedenken eine Liebesbeziehung zerstören können. Sollte man auf solche Bedenken nicht hören?

Wenn sie in deinem Denken auftauchen, dann ist es sehr schwer, sie zur Ruhe zu bringen oder gar wegzuwischen. Sie haben eine große Macht. Gedanken sind Kräfte, die auf unsere Person, unser Leben großen Einfluss haben können. Wir nehmen das Denken schließlich sehr wichtig, so wurden wir erzogen, es ist in vielen verankert, den Gedanken große Bedeutung beizumessen. Wir werden uns später noch mit dem Thema Ich, Selbst, Ego und Über-Ich befassen, um das noch besser zu verstehen.

Ist das Denken nun erotikfeindlich? Manchmal ja, manchmal nein? Es kann Erotik fördern oder Erotik zerstören. Auf welche Stimme sollte man hören?

Eigentlich sollte man auf keine Stimme hören, die aus dem Denken kommt. Auch deine Gefühle sind eine Art von Stimmen, sie sind die Sprache deiner Seele, die elementarer und wichtiger für dein Lebensglück ist als die Stimmen aus deinem Kopf. Du solltest auf keine innere Stimme hören im Sinne von gehorchen oder befolgen. Das Denken versucht natürlich, die Macht zu ergreifen und den Chef zu spielen, es versucht, dich zu dominieren. Mit erotischen Gefühlen ist es etwas anderes, sie sind eine Freude, ein Geschenk des Lebens. Dieses Geschenk kannst du dankbar annehmen – oder auch mit deinen Bedenken zurückweisen, dann folgst du dem Denken und hörst auf die Gedanken und deren Kräfte.

Bei den Gefühlen ist es einfacher, wenn sie erotischer Art sind, dann erlebst du sie einfach, dagegen ist dein Denken zunächst erst einmal machtlos. Ich sehe es sogar als problematisch an, wenn das Denken Gefühle festhalten möchte und plant, sie zu wiederholen. Das ist auch so eine Unart des Denkens, es entwickelt Strategien, um Emotionen zu wiederholen. Und darin liegt eine Gefahr, weil sich Gefühle nichts befehlen lassen wollen und sich dann entziehen und verflüchtigen. Deshalb ist es besser, wenn das Denken mit seinen Ideen, Wünschen, Hoffnungen, Erwartungen und Phantasien sich heraushält.

Vor allem möchte ich darauf hinweisen, dass ein Paar schließlich zwei denkende Köpfe hat. Nicht du allein bist der Fühlende und Denkende, deine Partnerin ist gleichfalls eine Fühlende und Denkende. Es stellt sich deshalb bei jeder Begegnung die Frage: Treffen sich nun zwei Fühlende auf gleicher Ebene oder nur ein Fühlender und eine Denkende oder umgekehrt oder zwei Denkende, deren Gefühle füreinander im Moment eher gering sind oder sogar abhanden gekommen sind?

Meine Güte, warum ist das alles so kompliziert?

Es ist eigentlich ganz einfach, sobald man es einmal wirklich erfasst und erkannt hat. Aber nur wenige wollen sich damit ernsthaft befassen. Für viele ist es deshalb kompliziert, weil sie Gefühle und Gedanken miteinander verquicken, und das führt dann meist zum Verlust der Erotik und zur Trennung. Danach sind sie zwar getrennt, leiden aber dennoch darunter, weil sie es kompliziert gemacht haben und die Einfachheit des Ganzen nicht mehr sehen können. Deshalb sind wir hier beisammen, um diese Dinge miteinander zu betrachten, ob wir nun gerade verliebt sind oder nicht, ob wir unter Liebeskummer leiden oder nicht, ob wir eine Ehe planen oder nicht, ob wir jung sind oder schon älter.

Die meisten hier sind im Alter zwischen fünfunddreißig und fünfzig Jahren und haben bereits viele schmerzliche Erfahrungen gemacht. Es stellt sich euch die Frage, wie es weitergehen könnte. Was ist schief gelaufen, und wie könnte es in Zukunft in meinem Leben besser laufen? Morgen ist ein neuer schöner Tag.

Über die Sexualität

Wir haben bisher noch nicht näher über die Sexualität gesprochen. Wenn sich eine Frau und ein Mann seelisch ineinander verlieben und zwischen ihnen Erotik entsteht, dann führt das von ganz allein zur Sexualität, zum einen, weil man sich berührt, umarmt und küsst und sich zwangsläufig körperlich noch näher kommen möchte. Zum anderen ist Sexualität im Körper ein biologisches Triebgeschehen, das sich dann natürlich bemerkbar macht und gelebt werden möchte. Weil wir diesen Sexualtrieb haben, scheint es wieder kompliziert zu werden, denn das Denken meldet sich schnell mit dem Zweifel: Ist es nur Trieb? Und es stellt oft auch die Frage: War es nur die sexuelle Triebbefriedigung, oder war es Liebe?

Warum haben wir Menschen und die Tiere diesen Trieb? Na klar, weil sich jede Spezies durch ihren Nachwuchs und dessen Aufzucht reproduzieren muss, damit die Spezies nicht ausstirbt. Das ist ein Grundgesetz aller Lebewesen und gilt auch für die Pflanzen. Der Sexualtrieb dient der biologischen Arterhaltung. Als Belohnung hat die Natur den Geschlechtsakt mit dem lustvollen Höhepunkt des Orgasmus versehen, der zu einem kurzen Glücksgefühl führt, denn wäre Sexualverkehr schmerzhaft, dann würde man ihn meiden. Im Sinne der Arterhaltung soll er nicht gemieden, sondern natürlich angestrebt werden, damit die Nachkommen auch wirklich zahlreich genug nachkommen, zumindest im Verhältnis 1:1 zur Relation von Sterbe- und Geburtenrate.

Ob Tiere auch Liebesgefühle entwickeln, weiß ich nicht. Da jedoch zumindest alle Säugetiere ein differenziertes Seelenleben haben, möchte ich davon ausgehen, dass sie seelische Zuneigung, Zärtlichkeit und Sympathieempfindungen kennen. Nun aber wieder zurück zu uns Menschtieren. Wir sollten uns über die Sexualität freuen und sie nicht zu sehr problematisieren. Sie hat ihren Sinn, führt zu körperlichem Lustempfinden (Orgasmus) und hat einen positiven Einfluss auf die Verliebtheit und alle erotischen seelischen Emotionen darum herum. Deshalb gibt es an der Sexualität nichts herumzumäkeln, und der Gedanke, es geht ihm/ihr vielleicht «nur um Sex», ist ein müßiger Gedanke, der mehr zerstören als konstruktiv aufbauen kann.

Es gibt aber auch Fälle, wo es einem Mann nur um Sex geht, weil er zum Orgasmus kommen will. Ich denke da auch an die Prostitution, den käuflichen Sex. Dafür gibt es einen Markt, der seit Tausenden von Jahren existiert; man sagt ja auch, Prostitution sei das älteste Gewerbe der Welt.

Schau, es ist doch eigentlich ganz einfach. Alles, was Lust und Vergnügen bereitet, wird ganz schnell zu einer Ware, die zum Kauf angeboten werden kann. Man kauft dann Sexualität zu einem entsprechenden Preis. Der Käufer und die Verkäuferin der Dienstleistung sind sich beide darüber einig, dass es ein Sexgeschäft ist. Es geht nicht um Liebe, denn sie kann man nicht kaufen, sie ist keine handelbare Ware. In eher selteneren Fällen kann es dazu kommen, dass ein Freier sich in eine Hure verliebt oder auch die Sexdienstleisterin in den Freier, das ist aber nicht die Regel. Warum es zu solchen Ausnahmen kommen kann, das hat mit unserer Seele zu tun. In ihr wurde durch die Begegnung etwas zum Klingen gebracht, nämlich das, worüber wir schon gesprochen haben, die Sensitivität und ihre Emotionen in der Seele.

Es leuchtet mir ein, dass man Liebe nicht kaufen kann, Sex aber schon. Der Sexualtrieb lässt sich vermarkten, aber die Liebe nicht. Deshalb ist Liebe ein ganz besonderes Gut, etwas, das man nicht erwerben kann. Macht vielleicht das dieses Besondere der Liebe aus?

Es ist jedenfalls nichts Besonderes, wenn ich etwas kaufen kann, natürlich sofern ich das Geld dafür habe, das ist klar. Verliebtheit kannst du nicht kaufen, weil sie in deiner Seele erst entstehen muss. Der Sextrieb ist immer präsent, weil er biologisch in unserem Körper programmiert ist. Dich verlieben zu können ist dir erst dann möglicht, wenn du deine Sinne öffnest und deiner Seele die Freiheit lässt, sich zu entfalten. Der rational orientierte Mensch hat damit Schwierigkeiten. Nun gut, es ist so, deshalb ist es wunderschön, wenn etliche mit offenen Sinnen in die Natur gehen oder anderen Menschen offen begegnen. Sie werden dafür durch Glücksempfindungen in ihrer Seele reich beschenkt und stärken dadurch übrigens automatisch die Abwehrkräfte ihres Immunsystems, das bedeutet, dass sie gesünder sind als Menschen, die nicht liebend leben.

Triffst du als Frau nun auf einen Mann, der seine Sinne und Seele geöffnet hat, und besteht auch deinerseits Sympathie und Zuneigung, dann geschieht es, dass man sich vielleicht ineinander verliebt. Da die biologische Komponente Frau/Mann hier eine besondere Rolle spielt, kommen Erotik und Sexualität automatisch miteinander ins Spiel. Aus einer solchen Verliebtheit entstehen diese wunderbaren Glücksgefühle, die zunächst einmal mit Sexualität nichts zu tun haben, sie kommt erst danach hinzu. Dieses Ereignis, dass sich zwei Menschen so ineinander verlieben, genau dieses kann man nicht kaufen oder zum Kauf anbieten. Es ist ein Geschenk, das dir das Leben, dein Dasein, auf dieser Welt machen kann, wenn …

Was kann man dafür tun, dass einem im Leben dieses Geschenk widerfährt?

Es ist doch so einfach: Öffne deine Sinne, erlebe jeden Augenblick mit Aufmerksamkeit und Wachheit und lass deine Seele davon durchflutet werden. Öffne dich in solcher Freiheit. Das ist Meditation. Dein Denken tritt dann zurück und mischt sich nicht ein. Das ist sehr wohltuend. Wenn dein Denken seine Vorherrschaft über deine Person verliert, dann werden diese Energien mit ihrer heilenden Wirkung durch dich hindurchfließen, die du spüren kannst.

Die meisten Menschen leben im Kopf, sie grübeln und denken, werden durch Konflikte, Probleme und Sorgen um den Alltag und die Zukunft abgelenkt. Das ist verständlich und soll nicht verurteilt werden. Aber davon unabhängig existiert noch dieses andere, zu dem das Denken keinen Bezug hat und niemals haben wird.

Aber das Denken beschäftigt sich oft mit der Sexualität. Die im Internet meistbesuchten Seiten sind Sexseiten mit pornographischen Inhalten. Was sagst du dazu?

Sexualität ist nur der eine Teil eines Ganzen, und dazu gehören dann auch Prostitution und Pornographie, aber Liebe ist das ganz andere. Das Denken, ich sagte es schon, macht sich Vorstellungen, kreiert Wünsche und Ideen, Erwartungen und Phantasien. Der Markt der Pornographie greift das auf und fordert dafür Geld. Alles, was sich vermarkten lässt, wird auch vermarktet. Das ist die Strategie des Denkens, das eine so ungeheure Macht hat.

In der Pornographie geht es wie in der Prostitution um reine Sexualität, nur sie ist vermarktbar, die Liebe nicht. Doch halt, auch das Thema Liebe wird indirekt in Liebesromanen und Liebesfilmen vermarktet, weil die Menschen eine Sehnsucht nach Liebe spüren. Es besteht jedoch ein eklatanter Unterschied zwischen den Gefühlen, die ein Liebesfilm erzeugt, zu den Gefühlen, die du sensitiv und seelisch in deinem realen Leben mit einer Frau oder einem Mann erlebst. Filme ansehen und konkretes Erleben sind nicht das Gleiche. Dein Mitfühlen in einem Liebesfilm zeigt dir aber, was in deiner Seele alles schlummert und entdeckt werden kann. Was du im Kino oder vor dem TV-Monitor fühlst, das sollte in deinem realen Leben Wirklichkeit werden. Darauf kommt es doch an.

Nun sind wir aber weit abgeschweift vom eigentlichen Thema, denn ich wollte über die Sexualität reden. Sie ist elementar wichtig, weil sie der Reproduktion der Spezies dient und somit der Arterhaltung. In einer Liebesbeziehung ist sie eine Bereicherung für die Seele, selbst wenn sie nicht zur Reproduktion gedacht ist. Dann kann sie die gegenseitige Liebe beflügeln, dieses Geschenk körperlicher Nähe, voller Schönheit, Lust, Freude, Anerkennung und Bewunderung des anderen. Seid deshalb dankbar für solche erotisch-sexuellen Momente im Leben und bezweifelt oder verkleinert sie nicht mit dem Denken, es sei ja «nur Sex» und hätte mit «wahrer Liebe» nichts zu tun.

Wenn die Sexualität im Vordergrund steht, ...

Viele Männer sind stark auf Sexualität bezogen; es geht ihnen oft nur um das sexuelle Erleben und nicht allein «nur» um die Liebe, oder es geht ihnen zwar durchaus um Liebe, primär aber eben auch um das sexuelle Erleben .

Viele halten auch Sex für Liebe, guter Sex ist für sie Ausdruck dessen, was sie unter Liebe verstehen.

Viele Männer, aber auch Frauen gehen eine Partnerschaft mit Ratio und Vernunft ein. Männer denken dabei an Sex und Frauen an finanzielle Sicherheit, die ihnen der Mann vielleicht bieten kann. Wer so an die Partnerschaft herangeht, ist zu einseitig orientiert und schaut auf das Tauschgeschäft: Du stellst mir deinen Körper für Sex zur Verfügung, dafür bin ich bereit, dir finanzielle Vorteile, Wohlstand, sozialen Aufstieg und gesellschaftliche Anerkennung zu bieten. Damit das Ganze gut klingt und einen allgemein akzeptierten Namen erhält, sagen sie dazu «wir lieben uns».

Es gibt sicherlich auch Männer und Frauen, die suchen nur reinen Sex in Swinger-Clubs und in einschlägigen Kontaktbörsen im Internet.

Es geht dann um Sex um des Sexes willen. Die Sexualität hat ja auch einen großen Unterhaltungswert und Spaßfaktor. Das soll jetzt nicht mit erhobenem Zeigefinger als unmoralisch verurteilt werden. Wer daran Spaß hat, der kann in unserer Gesellschaft solche Angebote nutzen. Es gibt auch das riesige Angebot an pornographischen Magazinen und Filmen; dem, der sich daran erfreuen kann, sollte es nicht mit sauertöpfischer Miene untersagt werden. Sexualität ist nun mal ein starker Trieb, und um ihn herum siedeln sich im Kopf viele Phantasien an, über die wie schon sprachen.

Ich habe meinen Mann dabei ertappt, als er heimlich pornographische Internetseiten ansurfte. Was ist davon zu halten?

Dass er solche Seiten besucht ist nicht verwerflich; dafür, dass er das heimlich macht, gibt es etliche Gründe. Er möchte dich wahrscheinlich nicht damit verletzen, dass er sich dort etwas holt, was er vielleicht bei dir vermisst. Er hat möglicherweise berechtigte oder unberechtigte Ängste, dass dadurch eure Beziehung einen Riss bekommen könnte.

Ein weiterer Grund könnte sein, dass er sich schämt, seine geheimen sexuellen Phantasien und Wünsche zu offenbaren und zuzugeben. Es wäre natürlich besser, darüber zu sprechen. Es wäre auch besser, wenn er bereits am Anfang eurer Beziehung offen über seine sexuellen Vorlieben gesprochen hätte, um es dir zu überlassen, ob du mit ihm gemeinsam auf diese Phantasien eingehen möchtest. Dann hättest du im Gegenzug auch deine Phantasien offenbaren und ihr hättet das vielleicht als Paar in eurem Sexualkontakt miteinander leben können.

Dazu mache ich noch einige grundsätzliche Anmerkungen. Kehren wir zur Verliebtheit zurück, in diesen sinnlichen Bereich voll der Freude und des Enthusiasmus, voneinander angezogen und fasziniert zu sein. Diese Berührungen und Küsse sind von einer wunderbaren Energie und Faszination. Die Sexualität kommt dann als tolles körperliches Erleben noch hinzu. Die Liebe trägt und beflügelt die Sexualität. Es ist nicht einfach, dies auch nur annähernd mit sachlichen Worten zu beschreiben.

Die Liebe führt dann zur Sexualität und nicht der Kopf. Was in Liebe entsteht, sieht man vielleicht auch in der Pornographie, und dennoch ist eine liebende Sexualität völlig unpornographisch, weil aus Liebe geschieht, was die Pornographie mehr oder weniger roh und plump darstellt. Sexualität in Liebe, mit Herz und Seele ausgelebt, führt zu einem Orgasmus, der eine andere Qualität hat als ein rein sexorientierter Orgasmus ohne Liebe. Der liebende Orgasmus lässt dich deinen Partner voller Zärtlichkeit umso inniger umarmen. Der rein sexorientierte Orgasmus ist danach eher ernüchternd, denn du bleibst seelisch leer zurück.

Es können sich sogar Gefühle von Trauer und Einsamkeit breit machen, weil nur der Körper seine Freude bekam, aber nicht deine Seele, weil sie nicht intensiv daran beteiligt war. Es fehlt das Gefühl der Ganzheit, es war nicht rund und dadurch nicht wirklich erfüllend und beglückend. Nun gibt es natürlich viele kopfgesteuerte Menschen, die das Seelische von sich abgeschnitten haben, es verdrängen oder abwerten, die Liebe sogar für ein Zeichen von Schwäche halten, sie als Gefühlsduselei und Sentimentalität abwerten und belächeln. Wer so denkt, der blockiert sich selbst und hat seine Ganzheit verloren. Er ist nicht liebesfähig – und wer nicht liebesfähig ist, dem wandert die Sexualität in den Kopf, mit all diesen Vorstellungen, Ideen, Phantasien und Wünschen. Statt des Empfindens schöner und reiner Lust entstehen Gelüste. Der Kopf gebiert Lüsternheit. Ich werte das nicht als unmoralisch ab, nur weil der Begriff der *Lüsternheit* negative Assoziationen weckt. Die Seele genießt die Lust, wogegen der Kopf lüsterne Phantasien gebiert. Auf diesen Unterschied wollte ich aufmerksam machen, mehr nicht.

Wie hängen Liebe und Sexualität zusammen? Ich habe in meiner Ehe die Erfahrung gemacht, dass mein sexuelles Interesse an meiner Frau nachließ und sich dann wieder meine pornographischen Phantasien meldeten. War das vielleicht ein Zeichen dafür, dass die Liebe zurückgegangen ist?

Deine Fragen führen uns weiter. Die Liebe zwischen Frau und Mann sollte eine Ganzheit von Seele, Körper und Geist sein. Die Seele spielt die Melodie der Gefühle, der Körper ist das Instrument, auf dem die Melodie erklingt, und der Geist ist leider oft der Kritiker. Wenn das sexuelle Interesse nachlässt, dann bedeutet das, dass es keine Melodie mehr gibt, die auf dem Instrument Körper das Liebeslied zum Erklingen bringt.

Ich zitiere ein bekanntes geflügeltes Wort, das hier in der Runde schon einmal erwähnt wurde: «Sex ist in einer Beziehung nicht alles, aber ohne Sex ist alles nichts.» In dieser Aussage ist eine Wahrheit enthalten. Sex ist natürlich nicht alles, denn Liebe ist viel mehr als Sex, weil viel energetischer und größer. Dort liegt der Ursprung für all das, was sich danach in der Sexualität in Schönheit entfalten kann.

Jetzt ein kleiner Gedankensprung: Keine Lust mehr auf Sex? Warum? Im Ursprung ist etwas verloren gegangen, der Ursprung war die Liebe. Wenn sie zurückgeht, dann geschieht etwas Dramatisches: Es besteht kein Wunsch mehr nach körperlichen Berührungen, sondern nach körperlicher Distanz. Die seelische Liebesverbindung ist abgerissen, einige Gründe dafür haben wir schon früher besprochen. Der Sexualtrieb ist aber natürlich weiterhin präsent, deshalb verlagert sich sexuelles Wünschen in den Kopf, und das führt dazu, dass die sexuelle Nähe mit dem Partner/der Partnerin gemieden wird und der Kopf in die Pornographie ausweicht, weil ja die sexuellen Triebbedürfnisse davon unabhängig weiterhin im Körper biologisch verankert sind. Das kann der Kopf nicht wegdiskutieren oder leugnen und als unmoralisch verurteilen.

Hat die Sexualität also letztlich doch eine sehr große Bedeutung für unser Leben?

Natürlich hat sie das; sie ist eine unserer stärksten im Körper ablaufenden Energien. Wäre die Liebe nicht, wäre das ja alles recht unproblematisch und überhaupt kein großes Thema. Dass es die Liebe gibt, macht unser Leben einerseits reich und glücklich – führt aber andererseits auch zu dramatischem Unglück, nämlich zu all den Partnerschafts- und Beziehungsproblemen, die ihr ja alle kennt. Es führt zur Eifersucht und zu neurotischen Erscheinungen bis hin zu Psychosen, aus denen im Kopf Rachegelüste entstehen, die sich bis zu Mordplänen hin entwickeln können. Im Denken ist das alles möglich, denn denkbar ist fast alles.

Sich gegenseitig zu lieben ist das Allerschönste in einem Menschenleben, sich nicht mehr zu lieben oder verlassen zu werden ist ein großer Schmerz, der den Kopf dazu verleitet, fatale Schlussfolgerungen zu ziehen oder destruktive Pläne der Rache auszubrüten. Wenn die Liebe schwindet, dann reißt die Ratio wieder die Macht an sich.

Wenn deine Liebe zu einem Menschen vergeht, dann bleibe ruhig und gelassen, denn sie ist nicht auf diesen einen Menschen fixiert, sonst wäre sie eine Obsession. Bleibe ein Liebender oder eine Liebende mit deiner Seele. Gib dem Kopf nicht die Chance, Energien an sich zu ziehen und dich als Individuum zu dominieren.

Kapitel 5
Das Selbst, das Ich, das Ego oder Über-Ich

«Glück ist Liebe, nichts anderes.
Wer lieben kann, ist glücklich.»
Hermann Hesse

Das Kindheits-Ich

Wir sollten uns jetzt einmal unserem eigenen Ich zuwenden. Das ist notwendig, denn in einer Liebesbeziehung oder Partnerschaft treffen zwei Ichs aufeinander, die gemeinsam ein Wir bilden oder werden möchten. Auf die allgemeine Richtlinie, dass jeder sich selbst lieben sollte, werde ich jetzt nicht eingehen, aber auf die bereits von Philosophen vor zweitausend Jahren formulierte Forderung «Erkenne dich selbst» möchte ich nochmals hinweisen.

Wer bin ich, wie bin ich, was macht mich aus, was ist mein Ich? Habe ich mich selbst erkannt? Weiß ich, wer ich wirklich bin, was mein wahres Selbst ist? Das sind spannende Fragen. Was meint ihr dazu?

Ich weiß nicht, ob ich mich selbst erkannt habe. Jeder muss sich in einer Leistungs- und Konkurrenzgesellschaft gegen die anderen Ichs durchsetzen und behaupten. Das ist der allgemeine soziale Lebenskampf. Mein Ich steht gegen ein anderes Ich. Daraus resultiert ein Wettstreit und Kampf. Ich spiele ja auch eine soziale Rolle in der Ge-

meinschaft, im Beruf zum Beispiel. Ich muss lernen, mich zu behaupten und durchzusetzen. Ist das gemeint?

Nein, das habe ich jetzt nicht gemeint. Was aber nicht bedeutet, dass falsch sei, was du sagst, denn es entspricht ja zumindest durchaus den Tatsachen, wie jeder selbst überall beobachten kann. Was dort stattfindet, nenne ich das Ego, nicht das Ich. Das Ego will sich durchsetzen, wenn es seinem Vorteil dient, dann auch mit destruktiven Mitteln, die andere in den Ruin treiben oder sogar töten. Jedes Mittel ist dem Ego recht, um Macht über andere Menschen zu erlangen, sie als Wettbewerber aus dem Weg zu räumen. Auf dieses Ego werden wir noch zurückkommen. Mir geht es um die Frage, wer ich bin? Erkenne dich selbst.

Wir sollten, um das herauszufinden, vielleicht mit dem Zeitraum der Kindheit bis zum Eintritt der Pubertät beginnen. Ein Kind erkennt sich bereits selbst, und es hat einen ursprünglichen Zugang zu seinen Sinnen, zu seiner Seele und zu seinem Geist. Um das näher zu beschreiben, möchte ich von meiner eigenen Kindheit etwas erzählen:

Ich bin bis zu meinem zehnten Lebensjahr in einem kleinen Haus mit Garten aufgewachsen, der an einen Fluss grenzte. So war ich nachmittags, nach der Schule, immer draußen in der Natur, bei Wind und Wetter, bei Regen und Sonnenschein, und ich lauschte dem Gluckern des Baches, der durch diesen Garten zum Fluss floss. Ich blickte in das vorbeifließende klare Wasser des Flusses und saß oft unter einem großen Nussbaum, mit dem Rücken an den Stamm gelehnt, und fühlte die energetische Kraft dieses großen alten Baumes.

Mein Kindheits-Ich war also ein Ich, das in Kontakt war mit der Gegenwart der Natur. Im Sommer saß ich oft auf einem mit einem Strick an Land angebundenen Boot und ließ mich von den Wellen schaukeln, schaute in den Himmel und betrachtete die langsam vorbeiziehenden Wolken. Von Ferne hörte man ab und zu die Geräusche eines Sägewerks, in dem Bretter zugeschnitten wurden. Ein Vogel flog vorbei, ein Eichhörnchen zeigte sich am Rand der Wiese und verschwand blitzschnell wieder, denn es scheute Menschen, auch wenn es nur Kinder waren.

Manchmal kam ein Klassenkamerad vorbei, setzte sich mit mir an den Fluss und danach unter den Nussbaum oder manchmal auch umgekehrt, wir saßen am Baum, gingen danach ans Ufer und kletterten in das Boot. Wenn an einem warmen Sommertag gegen Abend langsam die Sonne unterging und die Luft kühler wurde, dann verabschiedeten wir uns voneinander. Er ging zu seiner Familie ins Dorf und ich zurück ins Haus und roch die Pfannkuchen, die meine Mutter zum Abendessen gemacht hatte.

Bei uns lebten auch meine Großmutter, mein Opa und natürlich mein Vater, der allerdings nur an den Wochenenden aus Stuttgart zu uns kam. Wir alle freuten uns darauf. Weil er ein musischer Mensch war, spielte er abends die Laute und sang dazu bei Kerzenschein Lieder. Warum erzähle ich euch das?

Es geht mir um das Kindheits-Ich. Ich möchte zeigen, wie ein Kind seine Umwelt in der Natur erlebt. Ein Kind hat alle drei Bereiche geöffnet: Seele, Körper und Geist. Der Körper ist ganz automatisch auf Bewegung eingestellt. Ein Kind geht nicht nur, es rennt auch oft, es stolpert manchmal und fällt hin.

Ich erinnere mich an die wunderbaren Wintermonate. Dann holte ich meinen Schlitten aus dem Keller und stapfte die Anhöhe hinauf, um auf dem Schlitten wieder hinunterzufahren. Es war schön, in dieser kalten Winterluft den Hügel hochzueilen, um dann bäuchlings liegend hinabzufahren und die Geschwindigkeit zu genießen. Dort geschieht eine Erlebnisselbstfindung des Ich, in solchem Erleben.

Und wie wunderschön waren die Sommermonate, wenn ich barfuß auf bereits herbstliche Felder hinauslief und auf einen von den Bauern aufgetürmten Heuhaufen hinaufkletterte, mir dort oben eine Kuhle machte und in den spätsommerlichen Himmel, in die langsam ziehenden weißen Wolken schaute. «Erkenne dich selbst», lautet das philosophische Credo seit Jahrtausenden. In solchem Erleben erkennst du dich und findest dich. Zuerst kommt das Erleben, danach das Finden und Handeln.

Nun sage aber mal, wie es denn um die Kinder bestellt ist, die nicht in freier Natur aufwachsen, die in Städten wohnen und ihre Kindheit vor der Glotze verbringen.

Warum stellst du deine Frage mit einem leicht aggressiven Unterton? Weil du wohl spürst, dass diese Kinder in den Städten benachteiligt sind und nicht ein lebendiges Kindheits-Ich erleben können. Das Ich ist nicht über den Kopf erlebbar, es kann nur seelisch erlebt werden. Viele Kinder in den Großstädten erleben es leider nicht direkt aus erster Hand, sondern secondhand über die elektronischen Medien, über TV und Internet. Das schneidet sie vom Erleben mit allen Sinnen ab – davon, was Sinnlichkeit ist und Grundlagen der Sensitivität des Ich bedeutet und eine natürlichen Erotik in der Seele entstehen und reifen lässt.

Das Erwachsenen-Ich

Das Ich des Kindes ist mit den Erlebnissen seiner Sinne noch eng verbunden. Es gibt für ein Kind so viel zu sehen, zu hören, zu tasten und zu schmecken. Jeder Tag bietet so viel Neues, das mit unbändiger Freude entdeckt werden kann. Ihr kennt alle das Persönlichkeitsmodell von Sigmund Freud, es unterscheidet das *Es*, das *Ich* und das *Über-Ich*. Ein Kind erlebt sein Ich eng verbunden mit seinem Es. Nach und nach verstärkt sich das Über-Ich durch die Erziehung, die Schule und vor allem beim Durchlaufen der Pubertät. Im Über-Ich werden gesellschaftlich vermittelte Lebensregeln, Moralvorstellungen, Normen und Ideale abgespeichert. Manche sagen, das sei notwendig, um ein angepasstes und rechtschaffenes Leben zu führen, es sei auch erforderlich, um im Leben Erfolg zu haben.

Während und nach der Pubertät setzt sich ein Junge mit seiner Männerrolle in der Gesellschaft auseinander und ein Mädchen mit der Frauenrolle. Solche Rollenbilder werden von den Eltern und der Gesellschaft übermittelt und als Regeln in das Über-Ich introjiziert. Als ich ein Kind war, interessierte ich mich noch nicht dafür, was männliche oder weibliche Eigenschaften sind. Ich war davon glücklicherweise ziemlich frei. Dass ich zu Weihnachten eine Eisenbahn geschenkt bekam, fand ich gut. Dass Mädchen Puppen geschenkt bekamen, wusste ich zwar, aber es war für mich eher sekundär, weil jeder halt das bekam, was er sich wünschte. Wenn Mädchen sich Puppen wünschten, so war das eben ihre Sache. Weitere Gedanken machte ich mir darüber nicht.

In meiner kleinen Dorfgrundschule wurden in jeder Klasse Jungen und Mädchen gemeinsam unterrichtet. So hatte ich schon früh ganz natürliche Kontakte zu Mädchen. Ich empfand die Mädchen in meiner Klasse als völlig selbstverständlich und hatte ihnen gegenüber weder eine Scheu noch eine Distanz, weder ein Konkurrenzgefühl noch ein besonderes Anziehungsgefühl. Sie waren eben Mädchen, und ich war ein Junge. Diesem Unterschied maß ich erst in der Pubertät eine größere Bedeutung bei.

Zwischen meinem sechsten und meinem zehnten Lebensjahr kamen nachmittags oft auch die Mädchen aus meiner Klasse zu mir an den Fluss. Wir badeten darin gemeinsam, waren nicht nackt, sondern mit Badehosen bekleidet, auch die Mädchen. Da sie im Grundschulalter noch keine Brüste entwickelt hatten, hatten sie auch kein Oberteil an. Es war einfach natürlich so und für mich überhaupt nichts Außergewöhnliches. Wir hatten viel Spaß im Wasser und danach unter dem Nussbaum, vor allem, wenn im September die grünbraun eingeschalten Walnüsse herabfielen und wir sie knackten. Dabei fiel mir auf, dass Mädchen zarter waren und weniger Körperkraft besaßen. Dafür waren manche verbal viel schlagfertiger als meine Jungenfreunde. Mit Mädchen zu reden machte mir immer irgendwie mehr Spaß, mit den Jungen gefiel es mir, mehr Unsinn oder sportliches Kräftemessen zu veranstalten.

Erst beim Durchlaufen der Pubertät begann ich darüber nachzudenken, was männliche und was weibliche Eigenschaften sind. Die vordergründigste Frage war dann: Finden mich die Mädchen attraktiv? Das war damals in der Kindheit überhaupt kein Thema, denn alles war völlig unkompliziert, und man genoss einfach nur das Zusammensein in der Natur.

Meine Mutter war glücklicherweise nicht prüde und ließ mich mit Mädchen im Fluss baden. Einige meiner Freundinnen hatten jedoch ihren Eltern davon erzählt, und diese hatten ihnen verboten, sich weiterhin mit mir zu treffen. Davon war ich sehr betroffen, da ich dachte, dieses Verbot würde sich gegen mich richten. Mein Ich war sich aber keinerlei Schuld bewusst. Warum verboten ihre Eltern ihnen, mich zu besuchen? Ich fand das sehr rätselhaft und seltsam. Erst nach der Pubertät und nachdem mein Über-Ich mit vielen Regeln, Normen und mit Moral konfrontiert wurde, hatte ich den Schlüssel dafür in der Hand, diese damalige Kränkung im Nachhinein besser zu verstehen: Diese Eltern dachten an Sexualität.

Das Erwachsenen-Ich ist ein Ich, das vom Über-Ich dominiert wird. Ich bin auf die Rollenklischees auch erst einmal hereingefallen und wollte nun ebenfalls dem Männlichkeitsideal entsprechen, mich einfügen und anpassen. Ganz wohl war mir dabei aber nie, so schrieb ich zwischen meinem fünfzehnten und meinem zwanzigsten Lebensjahr Tagebuch, um all diesem Neuen, das sich durch die Pubertät zeigte, besser auf die Spur zu kommen. Ich empfand diese Metamorphose vom Kindsein zum Erwachsensein als eine Art Vertreibung aus dem Paradies des Erlebens mit allen Sinnen.

Warum waren plötzlich andere Werte von Bedeutung? In

der Kindheit war das Erleben so kraftvoll und energetisch, so schön und beglückend. Nach der Pubertät ging es um Leistung, Studienwahl, Berufswahl, Zielstrebigkeit, Ehrgeiz, Karrieredenken, Gründung einer Familie, es ging darum, eine Rolle in der sozialen Gemeinschaft zu finden, einem Männlichkeitsbild zu entsprechen, dem Über-Ich zu folgen, das «Es» als «kindisch» oder «unreif» zu verurteilen. Das konnte ich nicht. Das Über-Ich steht dem Denken nahe, das Es den Sinnen und allem, womit Sinnlichkeit uns beschenkt.

Deshalb ist das Ich von zentraler Bedeutung. Erkenne dich selbst. Erkenne, was dein eigenes Ich ausmacht. Nur ein starkes Ich kann dem Über-Ich Paroli bieten. Und es geht auch darum, das Kindheits-Ich, im weiteren Sinne das Es, nicht als kindisch oder unreif abzuwerten. Das ist ein Konfliktpotenzial, das auf jeden heranwachsenden Menschen, sowohl auf Frauen als auch auf Männer, zukommt. Aus dem Paradies der Kindheit wurden viele vertrieben, nicht nur ich.

Nach der Pubertät, nach der Schul- oder Studienzeit sollten wir unser Über-Ich hinterfragen und es abbauen, um zu unserem eigentlichen Ich zurückzufinden. Nur dieses Ich kann wieder mit dem verlorenen Paradies des sinnlichen Erlebens Kontakt aufnehmen. Deshalb sollte das Ich gestärkt werden, um gegen das Über-Ich zu bestehen, es zu entmachten und zu entrümpeln. Das war meine Motivation, das Buch «Stärkung des Ich» zu schreiben, erschienen im Econ-Verlag, derzeit im

Buchhandel zwar vergriffen, aber als digitale Ausgabe – als eBook – weiterhin erhältlich.

In der Stärkung deines Ich gegenüber den Einflüssen des konditionierenden Über-Ich und den täglichen Beeinflussungen durch die Medien, die vorgeben, was angeblich *in* oder *out* sei, in einer solchen Befreiung von allen Fremdbestimmungen liegt die Schönheit der Selbstentfaltung. Darin liegt auch die Grundlage der Erotik, aus einem selbst bestimmten Ich heraus zu leben, verbunden mit allen Sinnen in Sinnlichkeit und Sensitivität. Das Dasein genießen ist eine Rückkehr ins Paradies nach der Vertreibung in der Pubertät. Wurde das bisher verständlich?

Intellektuell habe ich es verstanden, so weit also ja, aber dennoch habe ich Einwände. Wer Erfolg haben will, muss den Gesetzen gesellschaftlicher Normen und Regeln folgen. Würde man sonst nicht zum Außenseiter und als solcher missachtet und ausgegrenzt?

Das Kindheits-Ich macht sich darüber keine Gedanken, das Erwachsenen-Ich natürlich schon. Wir sollten zwischen dem Ich und dem Ego unterscheiden. Ich halte das für wichtig – und morgen ist wieder ein neuer Tag, an dem wir das gemeinsam erforschen werden. Das Erwachsenen-Ich öffnet sich dann wieder der Sinnlichkeit, sofern ihr das sehen wollt.

Das Ego

Ich sagte gestern, dass wir ein starkes Ich benötigen, das dem Über-Ich Paroli bieten kann. Ein schwaches Ich neigt dazu, sich im sozialen Umfeld unterzuordnen und zu fügen; ein schwaches Ich ist durch Fremdbestimmungen aller Art manipulierbar, wogegen ein starkes Ich dem widerstehen kann, durch Selbstfindung und Selbstbestimmung.

Du sagst, das Über-Ich in uns sollte von uns durchschaut und entmachtet werden.

Das Über-Ich kann zu einem Manipulator in dir selbst werden. Davon unabhängig kommen die vielen Manipulationen im sozialen Kontakt und durch Propaganda von außen. Ein schwaches Ich unterliegt diesen Kräften und passt sich an, will es seinen inneren und äußeren Manipulatoren recht machen und verdrängt die Möglichkeiten der freien Selbstfindung. Ich-Stärke zu entwickeln bedeutet, auf die eigenen Gefühle und Empfindungen zu lauschen, ihnen nachzugehen, um herauszufinden, was du liebst und was nicht, wo deine eigenen Talente und Fähigkeiten liegen, was deine eigene Erkenntnis und Erfahrung aus den vielen Dingen des Lebens sind.

Wie erkennt man in einer modernen Zivilisation, die uns überall mit Werbung, Medienangeboten, Idolen und Normen manipuliert, was als richtig gilt und was falsch sei?

Du machst das durch Aufmerksamkeit und Wachheit, deinem Geist verbunden mit prüfenden Gefühlen. Deine eigenen Emotionen in deiner Seele sagen dir, ob dir etwas gut tut oder nicht. Du fühlst: Es ist richtig, oder es ist falsch. So entwickeln sich Selbstfindung und deine Ich-Stärke. Dadurch entsteht dann ein Selbstbewusstsein, das nicht gespielt ist, um andere zu beeindrucken, denn es erwächst aus dir selbst und ist dann authentisch. Solches Selbstbewusstsein unterscheide ich vom Ego. Ich-Stärke und Ego sind nicht dasselbe. Ich bin für ein starkes Ich, aber gegen ein starkes Ego. Ein starkes Ich ist liebesfähig, aber ein starkes Ego zumeist nicht.

Lasst es mich schrittweise erklären. Das Wort «Ego» hängt zusammen mit den Wörtern «Egoismus», «Egozentrik» und «Egomanie». Diese drei Wörter zeigen die negativen Seiten des Ego deutlich auf. Der Egoist handelt nach dem Motto: Zuerst komme ich, meine Vorteile, danach erst kommen die anderen. Ein solches Ego setzt sich gegenüber anderen Ichs rücksichtslos durch, selbst wenn andere dadurch geschädigt werden. Egozentrik ist eine übersteigerte Form der Ichbezogenheit, alles dreht sich nur um das eigene Ego nach dem Motto: Hauptsache mir geht es gut, die anderen sollen sehen, wo sie bleiben; nach mir die Sintflut.

Die Egomanie ist eine übersteigerte Form der Egobezogenheit, die oft zum Größenwahn führt nach dem Motto: Ich bin der Größte, Beste, Wichtigste und Bedeutendste unter allen, deshalb sollen sich andere meinem Willen fügen und unterordnen.

Was ist der Unterschied zwischen einem ichstarken Menschen und einem Egomenschen? Ich sehe das nicht deutlich, sondern habe nur eine Ahnung davon, wie das gemeint sein könnte.

Lasst es uns am Beispiel der Erotik, Liebe und Beziehung betrachten. Wenn Frau und Mann sich ineinander verlieben, dann begegnen sich zwei Ichs mit mehr oder weniger stark ausgeprägtem Über-Ich. Gehen wir nun davon aus, dass beide selbstbestimmte ichstarke Personen sind, dann werden sie sich nicht aufgrund ihres Über-Ich gegenseitig manipulieren und in ihren Gesprächen Normen zur Diskussion stellen. Sie erleben sich so, wie sie sind, und ihre gegenseitige Erotik und Liebe kann sich energetisch voll entfalten.

Anders ist es allerdings, wenn beispielsweise eine ichstarke Frau sich in einen ichschwachen Mann verliebt. Sie wird sich über seine Angepasstheit und sein Normenverhalten wundern, ihn aber zunächst einmal gewähren lassen. Der ichschwache Mann mit starkem Über-Ich wird jedoch damit beginnen, aus seinem Über-Ich heraus seine Geliebte zu manipulieren. Er wird also in Gesprächen (Denken) versuchen, sie zu maßregeln und zu «erziehen», damit sie in das System seines Über-Ich passt und sein eigenes strenges Über-Ich sie anerkennen kann. Sein Verhalten wird dazu führen, dass die Erotik zerstört wird und es nur noch um den Kampf zwischen der Ich-

Stärke der Frau und den Manipulationen (aus dem Über-Ich heraus) dieses Mannes geht. Das kann natürlich auch umgekehrt ablaufen, wenn der Mann ichstark ist und die Frau von ihrem Über-Ich dominiert wird und den Mann manipulieren will.

Und wie läuft das bei einem starken Ego? Nehmen wir als Beispiel zwei Egopersonen: Die Ego*frau* verliebt sich in einen Ego*mann*, beide sehen ihr Ego als das Wichtigste an. Sie spielen sich wechselseitig voreinander auf. Der Mann – nur als Beispiel – stellt sich als Erfolgsmensch dar, protzt mit seiner Autorität, seinem Erfolg, und die Frau unterstreicht ihren akademischen Grad und ihre gesellschaftlich Herkunft. So begegnen sich zwei Egos auf der Ebene ihres Denkens, also der Ratio. Ihr Voneinander-fasziniert-Sein findet dann im Kopf statt, die Sinnlichkeit der seelischen Begegnung bleibt indes zweitrangig. Wo solche Egos agieren, kann sich keine Liebe entfalten. Solche Egos können zwar durchaus heiraten, sofern diese Verbindung dem Ego schmeichelt. Diese Frau und dieser Mann werden sich aber ständig an ihren Egos messen. Wer hat das größere und mächtigere Ego? Es geht nicht um die Entfaltung von Erotik und Liebe, sondern um den Kampf ihrer Egos miteinander, um Sieg oder Niederlage.

Und was geschieht, wenn eine ichstarke Frau auf einen männlichen Egomanen trifft? Sie kann sich natürlich in ihn verlieben, weil stark aufgetragenes Selbstbewusstsein, eine zur Schau gestellte Egostärke, ja allgemein als eine männliche Eigenschaft gilt, die auf Frauen mitunter eine besondere Faszination ausübt. Darauf können einige Frauen genauso hereinfallen, wie es Männern passiert, wenn sie von einer körperlich attraktiven Frau angezogen werden und nur ihren Augen folgen.

So wie du es beschreibst, scheint der Kontakt zwischen Männern und Frauen oft schief zu laufen und die Verliebtheit, Erotik und Liebe häufig zu scheitern.

Ihr könnt es doch selbst überall im Alltag beobachten; das Scheitern ist keine Ausnahme, sondern die Regel. Heute werden fünfzig Prozent der Ehen nach vier bis sieben Jahren wieder geschieden. Und die restlichen Ehen verlaufen auch nicht erotisch glücklich. Das hat Gründe. Darüber mache ich mir mit euch Gedanken. Deshalb habe ich das Ego mit der Ich-Stärke verglichen und die negative Bedeutung des Über-Ich beschrieben sowie das Kindheits-Ich mit der Entfaltung der Sinne. Es ist ganz einfach, das vom Ego zu unterscheiden. Das Ich ist bei sich selbst angekommen, das Ego will und muss sich ständig im sozialen Außen behaupten und bestätigen. Das starke Ich liebt intensiv aus sich selbst heraus, das Ego will Zuneigung und Bewunderung an sich ziehen und danach dominieren, andere nach dem eigenen Willen manipulieren und sie gefügig machen.

Selbstbild

Wir haben das Kindheits-Ich, das Erwachsenen-Ich und das Über-Ich, das Ego, die Egozentrik und die Egomanie gemeinsam besprochen, weil sie große Auswirkungen auf Liebesbeziehungen, auf die Erotik und die Partnerschaft haben. Ergänzend möchte ich euch dazu noch etwas zeigen: Fast jeder entwickelt von sich ein Selbstbild, wie er sich selbst sieht und im sozialen Umfeld einordnet.

Das Kindheits-Ich ist noch recht frei von einem deutlichen Selbstbild. Das Kind ist einfach neugierig und möchte mit seinen Sinnen die Natur oder seine Umgebung erkunden. Es erlebt die vielen Gefühle intensiv, sowohl die glücklichen als auch die traurigen. Ich gehe hier allerdings von einer freien Kindheit aus, nicht von einer durch autoritäre Erziehung eingeschränkten Selbstentfaltung des Kindes; das wäre ein anderes Thema, sicher sehr wichtig, würde uns hier aber vom roten Faden abbringen. Wir sollten uns in den vielen negativen Varianten, die es leider natürlich auch gibt, nicht verzetteln.

Ein Erwachsenen-Ich kann zwischen seinem eigentlichen Ich und dem Über-Ich unterscheiden. Vor allem im Über-Ich werden durch die darin introjizierten Inhalte Muster vorgegeben. Das Über-Ich gibt dem Ich die vielen Normen und Regeln vor, und das Ich versucht ihnen zu folgen und entwickelt daraus ein Selbstbild, das dem Muster nahe kommen möchte. Ein solches Selbstbild entsteht dann im Zusammenwirken mit dem Über-Ich. Wenn ich so sein *sollte*, dann eifere ich dem nach und sehe mich selbst so, wie ich werden möchte.

Das Ego entwirft sein Selbstbild durch Egozentrik und Egomanie in folgende Richtung: Ich bin ich, niemand außerhalb meines Ich darf mir einen Rat geben, danach frage ich auch nicht, denn das ist Schwäche. Denn: Wer außen Rat sucht, ist unsicher. Ich bin ich, ich weiß allein aufgrund meiner Erziehung, wer ich bin: Ich bestimme, was ich fühle, und lasse mich auf nichts ein, was mich manipulieren könnte. Das klingt eigentlich im ersten Moment ganz richtig, und es fällt schwer, dem zu widersprechen. Ein starkes Ich ist ja auch ähnlich gefeit gegen Fremdbestimmungen und Manipulationen. Und doch besteht ein kleiner, aber feiner Unterschied. Das starke Ich ist frei davon, weil es den Gefühlen und Erlebnissen seiner Sinne folgt. Das Ego hingegen entwickelt sein Selbstbild aus einem Machtstreben heraus: Ich bin ich, ich weiß, wer ich bin und was ich kann, ich bin gut, ich lasse mich von keinem außerhalb meines Systems kritisieren. Ich weiß allein, was richtig und wichtig ist. Es geht um mich, denn ich bin das Zentrum, auf das es ankommt. Ich prüfe alles darauf hin, ob es meinem Über-Ich nützt oder nicht.

Seht ihr den feinen Unterschied zwischen dem Selbstbild des Ich und dem Selbstbild des Ego? Das Ego hat sein Selbstbild mit der Ratio erstellt und integriert. Das Ich aber bleibt in Verbindung mit seinen eigenen Gefühlen und Sinnen. Das Ego ist doktrinär, ein starkes Ich ist dagegen offen und tolerant. Das Selbstbild, das jemand von sich hat, ist also sehr aufschlussreich für andere, wenn sie mit ihm in Kontakt kommen.

Ihr könnt im sozialen Kontakt selbst beobachten, welche Selbstbilder die Menschen von sich haben und darzustellen versuchen. Und in jedem Kontakt geschieht es, dass man sich ein Bild von seinem Gegenüber macht. Eine Frau, die einen Mann kennen lernt, sich vielleicht in ihn verliebt, macht sich ein Bild von ihm. Zuerst ein optisches Bild: Er ist groß oder klein, dick oder schlank, blond oder dunkelhaarig, er spricht schnell oder langsam.

Der erste Eindruck ist immer ein sinnlicher Eindruck. Danach arbeitet das Gehirn daran weiter; es checkt Alter, Beruf, Herkunft, politische Einstellung, Religion, soziales Umfeld, Wohnumfeld etc. In weiteren Gesprächen wird dann ergründet: Wie steht er zu Kindern, zum Bau eines Hauses, zum Sport, zu Literatur und Kunst, zu Geselligkeiten, zur Zukunft, zum Ehrgeiz, zum Geld, zur Politik, zum Sex, zur Natur, zu Kreativität oder zu konservativen Werten, zur Treue, zur Monogamie, zur Polygamie, zum Reisen, zum Alter, zur Zukunft, zum Garten, zum Wohnen und Reisen? Das alles wird in Gesprächen, vom Denken gesteuert, erfragt, und daraus wird ein Bild konstruiert. Ich nenne es einfach mal das Partnerbild.

So begegnen sich demnächst ein Selbstbild und ein Partnerbild. Diese Bilder erschafft die Ratio und speichert sie im Geist ab.

Merkt ihr etwas? Das Denken ist so darauf programmiert oder angelegt, dass es Bilder errichtet und sie dann speichert. Selbstbild und Fremdbild treten zueinander in Konkurrenz oder vereinigen sich in Harmonie. Der Mann hat ein Selbstbild, die Frau auch, der Mann entwickelt dazu ein Partnerbild seiner Frau und die Frau von ihrem Mann. Danach begegnen sich die beiden oft nur noch mit diesen Bildern, die sie sich gemacht haben.

Was bedeutet das? Ihre Bilder voneinander legen sie fest und verhindern die Freiheit der Kommunikation. Sie haben Vorurteile gebildet. Die Frau denkt: Michael ist so und so. Der Mann denkt: Cornelia ist so und so. Solche Bilder trennen uns voneinander. Könnt ihr das jetzt deutlicher sehen?

Solche Bilder sind niemals die ganze Wirklichkeit, obwohl sie ja sehr praktikabel erscheinen. Solche Bilder zerstören die Erotik zwischen Frau und Mann. Ich denke, dass das verständlich ist. Oder hat jemand andere Erfahrungen gemacht?

Bilder und Vorurteile entstehen im Kopf. Gefühle kommen aus Körper und Seele. Warum aber fällt es uns so schwer, diese Gefühle anzuerkennen, um solche Kopfbilder zu vermeiden?

Wir machen uns ein Selbstbild von uns. Davon unabhängig machen wir uns ein Bild von einer anderen Person. Das ist zwar falsch, aber es ist eine Tatsache, dass Personen so mit Bildern, die sie sich voneinander machen, trotzdem zu kommunizieren versuchen. Das geht letztlich schief, das funktioniert leider nicht auf Dauer. Die konkrete Realität entstammt den Sinnen und der Seele. Wird es nun verständlicher? Vorurteile über den anderen und Bilder, die im Kopf erzeugt wurden, verstellen den Zugang zur Wirklichkeit, sie verzerren oder verhindern die sensitive Wahrnehmung. Das ist unerotisch und deshalb erotikmindernd. Hütet euch deshalb vor Selbstbildern und Fremdbildern. Wir sollten das noch genauer betrachten.

Kapitel 6
Erotik und Partnerschaft

«Es ist das Geheimnis einer guten Ehe, einer Serienaufführung immer wieder Premierenstimmung zu geben.»

Max Ophüls

Partnerschaft als Herausforderung

Sobald ein Liebespaar eine Lebensgemeinschaft eingeht, die zu einer Wohngemeinschaft führt, ob nun in «wilder» oder in standesamtlich besiegelter Ehe, treten neue Herausforderungen auf. Man sieht sich nicht nur zu vereinbarten Verabredungen, sondern nun täglich und teilt eine gemeinsame Wohnung. Ihr kennt das sicher alle aus euren eigenen Erfahrungen.

Ein solches Zusammenleben führt zu einer Gemeinschaft, in der die Rollen verteilt werden – «du bist dafür zuständig und ich dafür». Wenn Regeln aufgestellt werden, ist natürlich die Ratio aktiv, denn es wird über die Rollenverteilung verhandelt. Dabei können schon erste Streit- und Reibungspunkte auftauchen, und es werden, nehmen wir das einmal an, Kompromisse geschlossen. Es fällt ja durchaus leicht, wenn erotische Anziehung und Liebe vorhanden sind, sich auf solche Kompromisse einzulassen.

Mit der Bildung einer Wohn- und Lebensgemeinschaft beginnt für das Liebespaar eine neue Phase, denn Frau und Mann müssen sich aufeinander einstellen, auf die Zeiten des Aufstehens am Morgen und die Zeiten des Zubettgehens am Abend, auf berufliche Termine, auf Urlaubsplanung, auf Verwandtenbesuche, auf das gemeinsame Sehen von Fernsehprogrammen, auf Zeiten, in denen jeder etwas allein unternimmt oder auch nicht, auf Zeiten, die das Hobby der Partnerin oder des Partners beansprucht. Die Gespräche verlagern sich mehr und mehr zwangsläufig auf die Ebene der Ratio und des Denkens. Was haltet ihr davon?

Das ist doch ganz normal, so ist der Alltag. Jetzt erweist sich, ob die Erotik ausreicht oder ob sie durch den Alltag geschwächt wird.

Ja, es ist eine Binsenweisheit, dass der Alltag viele Konflikte und Probleme mit sich bringt. Man sagt, eine Liebe könne sich erst im Alltag bewähren. Ich frage mich und euch: Stimmt das? Sind Erotik und Liebe eine Art Menge, die groß oder klein ist? Wie viel dieser Menge sollte vorhanden sein, damit sie «ausreicht»? Oder ist Erotik etwas ganz anderes, also keine Menge oder Energiegröße, die man messen kann?

Ich glaube, man kann sie durchaus in groß, mittel und klein einteilen. Aber es gibt kein Messinstrument dafür, das das objektiv belegen könnte.

Und wie ist es mit der Liebe? Gibt es eine kleine Liebe, eine mittlere Liebe? Oder gibt es einfach nur Liebe oder keine Liebe? Was ist eure Erfahrung?

Eine kleine Liebe halte ich für zu schwach, als dass man damit eine Ehe eingehen könnte. Eine mittlere Liebe ist eine Liebe, die sich mitunter zeigt, aber dann wieder verschwindet. Eine große Liebe ist eher allumfassend, sie kennt keine Zweifel und lässt sich auch durch den Alltag nicht beirren.

Ich behaupte, es gibt nur Erotik oder keine, es gibt nur Liebe oder keine Liebe. Und dennoch ist im Alltag vieler Partnerschaften zu beobachten, dass die Erotik schwindet und die Liebe sich zurückzieht. Warum das so ist, das haben wir bereits miteinander besprochen. So frage ich mich jetzt, warum sich keiner mehr daran erinnert. Eine Partnerschaft wird angestrebt, das ist aus Konvention und Tradition in unserem Denken als erstrebenswertes Ziel verankert. Wir sind konditioniert auf dieses Ziel, das aus dem Über-Ich auf unser Ich Einfluss nimmt.

Da Ich-Stärke das Über-Ich und das Denken in seine Schranken verweist, gelangen wir nun zu allem, was bisher von uns gemeinsam besprochen wurde. Was ist also geschehen, dass wir Erotik und Liebe als klein, mittel und groß bewerten? Solche Wertungen kommen aus dem Denken. Gibt es tatsächlich eine kleine, eine mittlere und eine große Erotik? Gehen wir zu dem bereits Besprochenen zurück. Erotik entsteht aus der Öffnung aller unserer Sinne und der Seele im Augenblick erlebter Gegenwart. Dort entsteht sie und entfaltet sich, und dort ist sie nicht klein, mittel oder mittel bis groß, denn sie ist oder sie ist nicht. Wer dazu «mittel» sagen würde, dem sage ich, sie ist nicht.

Wenn man mich bei Partnerschafts- und Beziehungsproblemen um meine Meinung fragte, dann fragte ich immer zurück: «Liebst du deine Partnerin?» Meist wurde mir dann darauf geantwortet: «Ich mag sie, aber ob es Liebe ist, das weiß ich nicht.»

Mögen ist nicht Lieben. Mögen ist nur Sympathie im Gegensatz zur Antipathie.

Wenn jemand zu mir sagt, ich weiß nicht, ob ich ihn oder sie noch liebe, dann ist mir jedenfalls klar, dass es keine Liebe ist. Wer liebt, der fühlt, dass er liebt, das hat nichts mit einem «Wissen» zu tun. Der Geist mag zwar etwas wissen und dieses Wissen speichern, aber Erotik und Liebe haben nichts mit Wissen zu tun. Das in der Vergangenheit Gespeicherte hat keinerlei Bedeutung. Erotik und Liebe sind davon unabhängig. Sie können im Denken nicht konserviert werden. Sie entfalten sich täglich neu oder sie sind nicht. Sie entstehen in der Seele oder gar nicht. Im Kopf, aus dem Gedächtnis des Erinnerns heraus, sind sie eben nichts weiter als nur eine Erinnerung.

Das sind harte Worte. Warum siehst du das so schonungslos scharf?

Es sind keine harten Worte, sondern ein klarer Blick auf die

Tatsachen. Du meinst, dass das «schonungslos» sei; aber bitte, wen sollte ich schonen wollen und warum? Was oder wer soll geschont werden? Das traditionelle Bild von der Erotik und Liebe? Damit unsere Illusionen nicht angetastet werden, sondern erhalten bleiben? Es fällt uns sehr schwer, die Realität zu sehen, das verstehe ich. Dabei könnte man es dann belassen. Das führt uns aber nicht weiter. Die Illusionen des Denkens mit seinen Konventionen zu hinterfragen, das führt uns weiter …

Die Partnerschaft zwischen Mann und Frau ist ein Grundziel in unserer Gesellschaft. Sie aus Erotik und Liebe heraus einzugehen ist seelisch verständlich, und solche Paare haben doch den guten Willen, ihre Erotik und Liebe zu erhalten und weiter auszuleben.

Der «gute Wille» kommt aus der Ratio, er reicht aber leider nicht aus, weil der Mensch nun mal eine Seele hat. Da diese seine Seele vom sozialen Umfeld und dem angepassten Individuum selbst nur allzu schnell vernachlässigt, im Alltag oft sogar diskriminiert wird, deshalb schlittert ein Paar in das Problem hinein, mit dem Kopf in der Kommunikation Kompromisse auszuhandeln und das Terrain der liebenden Begegnung mit geöffneten Sinnen und dem seelischen Erleben zu verlassen.

Dazu habe ich aber einen Einwand. Man kann doch nicht nur mit geöffneten Sinnen und seelischem Erleben durch die Welt gehen. Da wäre man doch eine Art Hans Guck-in-die-Luft.

Da widerspreche ich dir. Wer mit geöffneten Sinnen und seelischem Erleben durch die Gegenwart geht, der ist kein Hans Guck-in-die-Luft, denn er schaut nicht nur nach oben in den Himmel und in die Luft, er ist ganz konkret präsent, auf *alles* schauend, dem Wind lauschend, den Sonnenuntergang voll Staunen sehend, die Tomate pflückend und ihren Saft schmeckend in der Gegenwart. Es handelt sich dabei um einen «Hans Guckt-aufmerksam-auf-das-was-ist». Dort ist die Lebensenergie voll präsent und keine Illusion des Denkens.

Das Denken sucht das, was sein *sollte.* Die Sinne aber sehen, was *ist.* Zurück zu unserem Paar: Es denkt sich aus, wie Partnerschaft sein sollte und werden könnte. Die Sinne in Verbindung mit dem Seelischen sehen jedoch, was wirklich konkret ist, Erotik verbunden mit Liebe oder keine Erotik verbunden mit Liebe. Solches Sehen ist jenseits der Illusionen und Wünsche, die das Denken erfindet.

Werte der Partnerschaft

Ihr habt noch heftig über das diskutiert, was gestern besprochen wurde; einige waren auch aufgebracht und entrüstet. Wir sind uns alle dessen bewusst, dass Partnerschaft im Alltag einer Wohngemeinschaft schwierig ist, und wir alle wissen, dass fünfzig Prozent aller geschlossenen Ehen scheitern und wieder geschieden werden. Und wir wissen auch, dass die restlichen fünfzig Prozent der Ehen zum Teil keineswegs glücklich verlaufen, weder für Frauen noch für Männer.

Die Frauen widmen sich in der Ehe vor allem ihren Kindern, sofern sie welche haben, und die Männer vergraben sich in ihre Hobbys, oder sie engagieren sich für einen Verein, um die Wohnung oder das Haus möglichst oft verlassen zu können. Nicht wenige stürzen sich dann auch verstärkt in ihren Beruf und arbeiten statt acht oft sogar zehn bis zwölf Stunden im Büro, oder sie versuchen so oft wie möglich auf Geschäftsreisen zu sein.

Das wissen die Personalchefs der Firmen, und sie legen deshalb bei der Einstellung Wert darauf, dass ein Mann verheiratet ist und möglichst auch Kinder hat. Er wird seine Arbeitskraft dem Unternehmen mit einiger Wahrscheinlichkeit intensiver zur Verfügung stellen als ein Single, der seine Freizeit lieber in Cafés, Bars, Discos oder auf dem Tennisplatz verbringt. Das nur als Ergänzung zur Situation der Ehen, die mitunter damals aus Liebe geschlossen wurden, aber natürlich nicht immer. Unabhängig von der Liebe erwarten Frauen und Männer von der Ehe einige Werte der Partnerschaft, die für viele überaus wichtig sind.

Ich zähle etliche dieser Werte und Erwartungen auf:

- «Es ist schön, nicht mehr allein durch das Leben zu gehen, denn geteiltes Leid ist halbes Leid und geteilte Freude ist doppelte Freude.»
- «Es ist wichtig, immer einen Ansprechpartner zu haben, dem man von seinen Sorgen und Problemen erzählen kann.»
- «Eine Ehe gibt Geborgenheitsgefühle, denn man weiß, wo man sein Zuhause hat und Sicherheit und Ruhe findet.»
- «Es ist schön, gemeinsam eine Zukunft zu planen, vielleicht ein Haus zu bauen und Kinder zu haben.»
- «Wenn man verheiratet ist, dann ist man in seinem sozialen Umfeld besser angesehen, weil es die Norm ist, dass man heiratet.»
- «Eine Ehe verleiht einem mehr Stabilität nach innen und nach außen. Im Krankheitsfall sollte man jemanden an seiner Seite haben, der sich dann um einen kümmert.»
- «Es ist schön, mit jemandem alle Hochs und Tiefs zu teilen und mit ihm gemeinsam alt zu werden. Es ist wichtig, auch an das Alter zu denken.»
- «Ein Leben zu zweit bietet auch finanzielle Vorteile gegenüber einem Singlehaushalt, sofern beide berufstätig sind. Hinzu kommen dann noch steuerliche Vorteile.»
- «Ein Ehepaar kann sich die häuslichen Aufgaben so aufteilen, dass jeder davon profitiert. Die Frau kann finanzielle Absicherung erwarten, und der Mann braucht sich nicht

um den Haushalt zu kümmern oder um die Pflege des Gartens, sofern seine Frau die Rolle der Hausfrau übernimmt.»

Alle diese Argumente entstammen der Ratio, das wollte ich mit dieser Aufzählung deutlich machen. Solche positiv gesehenen Werte der Partnerschaft und Ehe sind ein konditioniertes Standardrepertoire, das ihr überall von Frauen und Männern vorgesetzt bekommt, wenn über Partnerschaft und Ehe diskutiert wird. Habt ihr das auch so erlebt, oder habe ich mir das nur aus den Fingern gesogen?

Viele dieser Werte, die du aufgezählt hast, haben ihre Gültigkeit, denn viele sehen es so und streben danach. Es sind reale Werte einer Partnerschaft, auch wenn sie nicht immer umsetzbar sind.

Wir sehen das so, weil wir so konditioniert sind. Diese Werte sind aber sehr fragil, vor allem dann, wenn man sie besonders betont und in den Vordergrund schiebt. Das ist der Einfluss der Ratio; sie kann nicht anders, als Kosten und Nutzen zu vergleichen und zueinander in Relation zu setzen. Deshalb habe ich darauf hingewiesen. Ich will damit etwas zeigen, sofern ihr das Gezeigte betrachten wollt. Alle diese Werte sind im Denken entstanden und genießen allgemeines gesellschaftliches Ansehen. Das macht sie scheinbar unantastbar.

Warum scheinbar? Also sind sie doch antastbar. Aber warum möchtest du sie antasten?

Wenn wir genauer hinschauen, dann tasten wir sie an. Warum möchte ich das? Weil es der Selbstfindung dient.

Lass die Leute doch einfach an ihre Werte glauben. Warum stellst du etwas in Frage, was für sie gar nicht fraglich ist?

Vielleicht deshalb fraglich, weil fragil. Und weil ich für richtig halte, alles das in Frage zu stellen, was aus dem Geist und dem Denken kommt, denn denkbar ist schließlich fast alles. Und nur weil es gedacht ist und in Worten formuliert wird, deshalb ist es nicht in einer Art von Automatismus richtig und für das Leben, sofern man ein glückliches Leben vor Augen hat, auch geeignet.

Wir haben über die allgemein verbreiteten Werte der Partnerschaft und Ehe gesprochen. Für viele sind das sehr ernst zu nehmende und ganz wichtige Werte; selbst dann, wenn sie oberflächlich und teilweise auch illusionär sind. Deshalb sollten wir genauer hinschauen. Das sollte uns eigentlich Freude bereiten. Mir scheint aber, dass sich daran einige sehr reiben und sich eher ärgern, statt sich zu freuen.

Wenn Werte in Frage gestellt werden, dann hat man nichts mehr, woran man sich festhalten kann. Dann gerät alles ins Wanken und Schwimmen. Eine Partnerschaft und Ehe braucht Sicherheit und Verlässlichkeit. Du stellst das in Frage und erzeugst damit Unsicherheit, Frustration und Aggression.

Es erzeugt Widerstand, wenn Sicherheit in Frage gestellt wird. Das Leben selbst kennt nur Lebendigkeit, den stetigen

Wechsel, die Veränderungen von Sekunde zu Minute, von Stunde zu Stunde, vom Tag zur Nacht. Es gibt keine wirkliche Sicherheit. Das Denken gaukelt uns das als Idee nur vor. Und wir greifen nach diesem vorgegaukelten Strohhalm. Alle diese genannten Werte sind Strohhalme, sind Hoffnungen und Erwartungen. Sie erweisen sich am Tag X als völlig wertlos, wenn dich dein Partner oder deine Partnerin verlässt.

Das ist keine Phantasie von mir, es ist millionenfache Realität im Alltag zwischen Frau und Mann, ob Kinder da sind oder nicht, ob gemeinsam ein Haus gebaut, ob gemeinsam eine Firma zur Existenzgründung aufgebaut wurde, ob man viele Jahre in einer Lebensgemeinschaft zusammen verbrachte oder auch nicht.

Vielleicht hat man gemeinsam Kunstwerke gesammelt und plante sogar, ein Museum zu bauen. Vielleicht hat man gemeinsam Kinder der Dritten Welt finanziell unterstützt. Vielleicht hat man gemeinsam ein Buch über eine abenteuerliche Kanufahrt auf dem Amazonas geschrieben oder sich politisch für mehr soziale Gerechtigkeit engagiert. Vielleicht hat man gemeinsam eine Firma gegründet, die nun Gewinn abwirft. Vielleicht hat man gemeinsam zu Hause rauschende Feste arrangiert, und die bewirteten Freunde waren begeistert. Vielleicht hat man auch die eigenen Kinder gefördert, gemeinsam gefördert, sie im Gymnasium mit Nachhilfeunterricht unterstützt. Alles gemeinsame Unternehmungen, bei denen es wichtig ist, sich aufeinander verlassen zu können und ein gutes Team zu bilden.

Doch warum brechen diese Gemeinsamkeiten mitunter schlagartig weg? Was ist dem vorausgegangen, und was passiert dann? Wo ist dann bloß die «Sicherheit» geblieben?

Warum kommt es zu Trennungen?

Die Werte einer Partnerschaft werden von den allermeisten in hohen Tönen gepriesen. Dennoch leben in Deutschland ca. dreizehn Millionen als Single. Allerdings strebt die Mehrzahl davon eine Partnerschaft an; eher wenige haben das Solosein mit voller Überzeugung als Lebensform gewählt. Warum gelingt es vielen Paaren dennoch nicht, ihre Partnerschaft aufrechtzuerhalten? Immerhin fünfzig Prozent der Ehen in Großstädten werden geschieden. Was ist geschehen, dass es zu so vielen Trennungen kommt, obwohl doch andererseits die Werte der Partnerschaft so hoch gehalten werden?

Wir sollten das einmal etwas näher betrachten. Wenn ein Paar längere Zeit zusammenlebt, dann drängen sich die Alltagsprobleme in den Vordergrund. Es geht um Terminplanung, berufliche Sorgen und Probleme. Der Tag, die Woche, die Monate müssen gemeinsam gemanagt werden. Man plant vielleicht, ein Haus zu bauen oder eine Eigentumswohnung zu erwerben. Finanzierungspläne werden aufgestellt, und man diskutiert über die Einrichtung der Zimmer, über die Gestaltung des Gartens. Der Geist beschäftigt sich mehr und mehr mit diesen Plänen, Ideen und Rollenverteilungen. Das führt dazu, dass die erotische Beziehung zueinander immer mehr in den Hintergrund rückt. Man hat vielleicht noch ab zu miteinander Sex, aber er ist nicht mehr getragen von dieser Erotik, wie sie sich zu Anfang der Liebesbeziehung entfaltet hat.

Dazu kann ich aus eigener Erfahrung etwas sagen: Nachdem wir geheiratet hatten, beschlossen wir, ein Haus zu bauen. Mein Mann machte viel in Eigenleistung, weil er handwerklich begabt ist, aber auch um die Kosten zu minimieren. Unsere gemeinsamen Gespräche drehten sich zwei Jahre lang nur noch um den Bau des Hauses und seine spätere Einrichtung. Hinzu kam der Stress mit den Handwerkern und den Mängeln am Bau.

Mein Mann und ich gingen abends mit diesen Sorgen und Problemen ins Bett und wachten morgens damit wieder auf. Die Sexualität meines Mannes reduzierte sich auf die reine Triebbefriedigung. Es musste halt mal wieder sein und möglichst schnell gehen. Die Erotik war verflogen. Ich hatte das Gefühl, dass er meinen Körper benutzt. Dadurch rückten auch meine Liebesgefühle zu meinem Mann mehr und mehr in den Hintergrund. Wo einmal Liebe war, empfand ich jetzt ein Vakuum.

Nachdem das Haus fertig war, alle Räume eingerichtet waren und im Garten sogar ein Teich angelegt war, hatten wir alles erreicht, aber ich fühlte mich dennoch innerlich leer und unzufrieden. Das von uns geplante häusliche Glück stellte sich nicht ein. Das fühlte auch mein Mann, aber er wollte mit mir nicht darüber reden, denn das Thema schien ihm sichtlich unangenehm. Dann entwickelte er neue Pläne, was man noch alles umbauen könnte. Ich fragte mich, wozu da alles? Um es kurz zu machen, ich lernte einen anderen Mann kennen. Ich verliebte mich in ihn und reichte die Scheidung ein.

Vielen Dank für deine Schilderung aus dem ganz normalen Alltag. Es gibt vom Regisseur Fassbinder einen Film mit dem Titel «Angst essen Seele auf». In den Partnerschaften droht die Gefahr, dass das Denken die Seele auffrisst. Das Denken absorbiert nach und nach immer mehr Energie, bis die Beziehung nur noch im Kopf stattfindet und ab und zu in die Ausübung des Geschlechtsakts mündet, und so unschön dieses Wort auch klingt, so unschön verläuft dann oft auch der Sex.

Außerdem neigt – wie wir schon besprochen haben – das Denken dazu, sich sowohl vom eigenen Selbst als auch von anderen Menschen ein Bild zu machen. Nach einigen Monaten des Kennenlernens glaubt man alles Wichtige über den andern zu wissen. Das Bild des Mannes sieht beispielsweise so aus: «Sie ist kontaktfähig, kann gut kochen und kann noch dieses oder jenes, sie reist lieber ans Meer als in die Berge, sie mag Katzen und Kinder, sie liest gern und schaut im TV gern jenes, sie mag keine klassische Musik, sondern lieber Schlagermusik, sie kann mit moderner Malerei nichts anfangen, und sie liebt Pflanzen, vor allem Rosen, sie legt Wert darauf, an ihrem Geburtstag einen Strauß roter Rosen zu erhalten.»

Das alles ist im Gedächtnis abgespeichert und ist ein Muster. Die Eigenschaften werden in Schubladen gesteckt und mit einem Etikett versehen. So funktioniert nun mal das Denken. Ich mache niemandem einen Vorwurf daraus, denn unser aller Denken läuft so ab. Der Mann hat sich von seiner Frau ein solches Bild gemacht. Und genauso macht es das Denken seiner Frau mit ihm, auch sie hat seine Eigenschaften und Fähigkeiten, seine Stärken und Schwächen zu einem Muster zusammengefügt. Merkt ihr etwas?

Das Denken erzeugt solche Persönlichkeitsmuster von anderen. Das ist üblich und spielt sich in einer Art von Automatismus ab. Worauf willst du aber nun hinaus?

In einer solchen Partnerschaft leben zwei Menschen mit ihren Bildern und Mustern zusammen, die sie voneinander haben. Sie kommunizieren auf der Ebene dieser Bilder. Es kommunizieren also zwei Denkmuster miteinander. Das war am Anfang der Liebesbeziehung nicht so, da hatte man noch keine Muster. Anfangs kommunizierten die Seelen in offener Sinnlichkeit miteinander. Es gab noch kein Bild. Das macht man sich erst später; es gibt ja auch im allgemeinen Sprachgebrauch die Redewendung: «Ich muss mir von dir erst mal ein Bild machen.»

Am Anfang gab es Erotik und Liebe, aber noch kein im Geist abgespeichertes Muster. Nun aber besteht es, weil das Denken es nicht anders kennt und es so will. Das wird zum Stolperstein für eine Beziehung, sobald die Seele mit ihren Emotionen und der sinnlichen Sensitivität ausgeblendet wird. Das geschieht immer dann, wenn das Denken im Alltag alle Energie an sich bindet, beispielsweise durch den Bau eines Hauses. Das ist vom Denken zwar gut gemeint und deshalb auch für jedermann nachvollziehbar und verständlich, aber letztlich schädlich für die Erotik und Liebe. Der Verstand sagt zwar, das sei doch alles ein Zeichen von Liebe, etwa sich gemeinsam ein Haus (Nest) zu bauen. Schon – aber ein Zeichen von Liebe ist eben andererseits auch, den anderen seelisch wahrzunehmen, ihm volle sensitive Aufmerksamkeit zu widmen.

Dazu möchte ich noch etwas ergänzen. Als ich mich seinerzeit nach unserem Hausbau von meinem Mann trennte, sagten viele zu mir, ich wäre herzlos, denn mein Mann hätte das doch alles aus Liebe getan. Ich frage mich aber, warum die Liebe zurückging und ein Tun für die Liebe im Vordergrund stand. Das hat unsere Liebe und Erotik zerstört. Sicherlich war es von ihm gut gemeint, aber letztlich doch nicht gut für uns.

Das Denken hat es gut gemeint. Es ist die Tragik unseres

Lebens, dass das, was rational als gut erscheint und von vielen auch gut geheißen wird, dennoch am Ende schlecht ausgeht. Es ist tragisch, wenn man es gut gemeint hat und am Ende dennoch vor einem großen Scherbenhaufen steht. Deshalb sage ich immer wieder, man sollte das Ganze, die Ganzheit, sehen. Es ist notwendig, sich selbst und die anderen in ihrer Ganzheit zu erkennen. Zur Ganzheit gehört die Seele mit dazu, sie auszublenden bringt dir letztlich nur Kummer und Leid, auch wenn das Denken scheinbar verständlich und richtig gehandelt hat; aus der Sicht des Denkens war es zwar richtig, aber ohne Berücksichtigung der Ganzheit von Seele, Körper und Geist letztlich doch falsch.

Ist das Denken nicht eher mechanisch und theoretisch? Und ist die Seele dagegen gar nicht mechanisch? Liegt es vielleicht daran?

Die Seele hat den Bezug zum Leben selbst, zum Erleben, zur Achtsamkeit für alles, was in der Gegenwart geschieht. Solches Erleben ist wie frisches Quellwasser, das strömt. Das Denken schematisiert, bildet Vorurteile und Muster und hat keinen Bezug zur Lebendigkeit der geöffneten Sinne, wo Lebendigkeit pulsiert und fließt. Das Denken katalogisiert, etikettiert und speichert Muster ab.

Das Denken ist ein graues Archiv. Goethe hatte schon Recht, wenn er sinngemäß schrieb, grau sei jede Theorie und grün des Lebens Baum. Das theoretische Bild vom Partner ist grau, es ist ein Archivbild. Der Partner ist aber ein lebendiger

Mensch. Nur deine Sinne können ihn lebendig erfassen. Das Leben ist voller frischer Farben und stets neu.

Es ist von großer Bedeutung, was wir heute herausgefunden haben. Wir verstehen jetzt, warum Frauen und Männer sich voneinander entfernen und sich schließlich trennen werden, sofern sich hier nichts ändert. Eine Änderung tritt aber leider erst dann ein, wenn eine neue Frau oder ein neuer Mann auftaucht und sich auf diese Weise die Seele vehement zurückmeldet.

Was tun bei Trennungskrisen?

Eine Trennung kommt in unserer Partnerschafts- und Eheplanung zunächst einmal nicht vor, wir blenden das aus. Deshalb werden wir am Tag X davon oft ziemlich kalt erwischt. Dabei hat es sich schon lange davor angedeutet und zu entwickeln begonnen, aber wir wollten diese Zeichen nicht sehen und ihnen unsere Aufmerksamkeit nicht widmen. Es hätte sich gelohnt, darüber zu meditieren. Wie war es, als wir uns kennen lernten und noch kein Bild voneinander hatten? Jedes unserer Treffen und jede Begegnung waren neu und mobilisierten alle unsere Sinne. Dort lag die Basis für die erotische Anziehung und das Erleben. Und das ist nach und nach im Alltag in den Hintergrund getreten. Wenn wir achtsamer wären, dann würden wir das schnell erkennen und danach handeln. Die meisten sind unachtsam und vertrauen dem Denken.

Zur Trennungskrise kommt es meist dann, wenn einer der beiden Partner jemanden kennen gelernt hat und sich verliebt. Dann ist seine Seele wieder intensiv aktiv, nun aber diesem Neuen gegenüber.

Was kann man in so einem Fall machen, um die Partnerschaft zu retten, also die Trennung zu vermeiden?

Derjenige von den beiden, der erfährt, dass der andere sich in jemanden anderen verliebt hat, ist erst einmal geschockt. – Er wacht auf, und gezwungenermaßen nimmt er sich jetzt plötzlich Zeit, die Vergangenheit Revue passieren zu lassen. Seine Sinne werden wieder aktiv; er sieht seine Frau dann plötzlich wieder mit neuen Augen. Sein Archivbild beginnt zu bröckeln. Er nimmt nun seine Partnerin wieder wahr. Seine Aufmerksamkeit ist erneut präsent. Er gibt sich nun zwar Mühe, sieht die Fehler der Vergangenheit ein und will das Rad reumütig zurückdrehen, aber dazu ist es oft zu spät. In vielen Gesprächen haben mir Männer und Frauen darüber berichtet.

Kann man das Rad wieder zurückdrehen? Gibt es Methoden, die richtig oder falsch sind?

Falsch ist es auf jeden Fall, den Partner jetzt zu bedrängen oder nun mit Liebesbriefen oder Liebesbeweisen zu überschütten. Das wird einfach nicht mehr ernst genommen. Ein um Liebe bettelnder Partner hat ganz schlechte Karten. Er demütigt sich selbst und gewinnt dadurch nicht an Achtung.

In einem gemeinsamen Gespräch sollte deutlich gemacht werden, dass man die in der Vergangenheit gemachten Fehler erkannt hat und gewillt ist, sie in Zukunft nicht zu wiederholen. Da sich aber in unserem Beispiel die Frau in einen anderen Mann verliebte, ist ihre erotische Energie auf ihn gerichtet. Das lässt sich in einem Gespräch nicht einfach umpolen, denn ein solches Gespräch führt das Denken. Auf gar keinen Fall sollte man ein Ultimatum stellen: «Wenn du dich bis in vierzehn Tagen nicht für mich entschieden hast, dann werde ich mich scheiden lassen.» Eine solche Druckausübung schafft Distanz und keine Nähe.

Der Mann könnte sagen: «Das ist für unsere Beziehung (oder Ehe) eine schwer wiegende Krise. Da ich dich noch immer liebe, gebe ich dir Zeit, so schwer es mir auch fällt. Ich hoffe, dass du dich mir wieder zuwenden kannst. Ich werde dich nicht bedrängen, und du solltest das nicht als Desinteresse interpretieren. Dich zu bedrängen würde dich nur weiter von mir wegtreiben. Wir sollten die Ruhe bewahren und unserer Beziehung wieder eine Chance geben, sobald du dazu bereit bist.»

Mehr kann man leider nicht tun. Jeder hektische Aktionismus führt nur dazu, dass sich die Partnerin verschließt. Das ist meine Erfahrung. Die Chancen sind nicht groß, das möchte ich auch noch erwähnen; nach meiner Beobachtung finden nur etwa zehn Prozent wieder zusammen, bei neunzig Prozent führt eine solche Situation früher oder später unausweichlich zur Trennung.

Warum sind die Chancen so gering, selbst wenn man sich in dieser Situation respektvoll und liebevoll verhält?

Es ist doch ganz einfach. An den Verstand deiner Partnerin kannst du appellieren: «Wir waren ein gutes Team, wir haben uns doch gut verstanden.» Aber auf die Gefühle in der Seele hat das keinen Einfluss. Wenn die Erotik zum Partner erloschen, aber zu einem anderen Partner erblüht ist, dann hat das viel mehr Bedeutung als solche Appelle an die Ratio. Erotische Energie ist elementarer und stärker; deshalb halte ich es in einer Partnerschaft für wichtig, die Erotik zu pflegen und vor allem rechtzeitig zu erkennen, wann das Denken versucht, die Macht an sich zu reißen.

Also ist das Denken doch erotikfeindlich und die Seele das Wichtigste?

Natürlich, unser Seelenleben ist das Wichtigste. Das Denken braucht deshalb nicht vernachlässigt zu werden. Es ist eben nur ein Werkzeug, das man im Beruf oder in Diskussionen braucht. Das Denken ist auch nicht erotik*feindlich*, denn es hat ja in der Regel nichts gegen Erotik und Liebe. Es ist nur erotik*schädlich*, sobald es alle Lebensenergie auf sich zieht und du nur noch im Kopf lebst, aber nicht mehr mit den Sinnen in der Wirklichkeit bist. Diese Gefahr besteht, wenn das Denken zu viel Raum einnimmt.

Was ich euch vermitteln möchte, ist keine Theorie, ich habe mir das nicht ausgedacht. Ihr solltet es selbst in der Praxis, im Alltag überprüfen. Es nutzt nicht viel, wenn ich es doziere und ihr es nur zur Kenntnis nehmt. Schaut einmal ganz genau in euch selbst hinein. Wie war das beim Kennenlernen, und wie hat sich das alles in der Beziehung danach entwickelt? Hat das Denken ein Bild oder ein Muster von meinem Partner oder meiner Partnerin geschaffen? Hat die sinnliche Aufmerksamkeit nachgelassen?

Ich erzähle euch doch nichts theoretisch von mir Erfundenes; das hätte keinerlei praktischen Wert. Es nützt euch auch nichts, es im Gedächtnis abzuspeichern und zu glauben. Du brauchst nichts zu glauben, das wäre ohne Kraft. Erforscht es in euch selbst, dann erübrigt sich ein Glauben. Nehmt euch in Mußestunden einmal die Zeit, das Vergangene zu beobachten. Was waren das für Gefühle bei euren ersten Begegnungen voller Verliebtheit?

Die Sinne waren sensibilisiert und voller Intensität; ihr fühltet euch vital und präsent. Glücksgefühle hatten Raum in der Seele. Das Herz hüpfte vor Lebensfreude. Und was kam dann? Beobachtet es selbst. Noch besser wäre es, wenn ihr aktuell verliebt seid und jetzt konkret beobachtet, was weiter geschieht. Beobachtet besonders genau, wie sich das Denken verhält. Zieht es sich zurück? Oder drängt es sich in den Vordergrund? Wie verhalten sich dann eure Emotionen? Das ist doch sehr spannend.

So wichtig sollten wir uns schon nehmen, dass wir uns selbst beobachten, um uns selbst besser kennen zu lernen. Das hat nichts mir Egozentrik zu tun, wie manche Kritiker mitunter spöttisch einwenden. Sich selbst zu erfahren, sich selbst kennen zu lernen ist jedes Einzelnen gutes Recht. Das ist notwendig, um im Leben einen Platz zu finden und glücklich zu werden. Es geht doch nicht darum, unglücklich zu werden oder blind ins Unglück zu rennen. Das nützt weder dir noch deiner Umwelt. Im Gegenteil, es ist sozial schädlich, wenn Menschen unglücklich werden, anstatt glücklich zu sein und Lebensfreude zu verbreiten.

Das alles schafft doch gute Voraussetzungen dafür, mit anderen in Frieden und in Liebe zu leben. Dennoch kann es zu Trennungskrisen kommen. Auch wenn du selbst mit dir im Reinen bist, muss das bei deinem Partner dadurch nicht automatisch auch der Fall sein. Kennt man jemals die geheimen Sehnsüchte eines anderen Menschen? Ist er bereit, sie uns in einer romantischen Liebesnacht anzuvertrauen? Manchmal vielleicht, aber eben leider nicht immer.

Du kannst nur dich selbst erkennen, um danach andere besser zu verstehen. Das ist schon sehr viel. Schön ist, wenn ein anderer sich dir offenbart und dich tief in seine Seele schauen lässt. Liebe und Erotik ermöglichen das, sie ermöglichen solche Sternstunden. Jedoch nicht immer. Manche Bereiche bleiben im Dunkeln, sind deinem Partner vielleicht selbst ein unbewusstes Geheimnis. Auch das hat seine Ursachen und Gründe. Solche verschlossenen Türen kann auch deine Liebe nicht öffnen. Der Erotik tut das aber keinen Abbruch.

Kapitel 7
Generelle Liebe, seelische Freiheit und Erotik

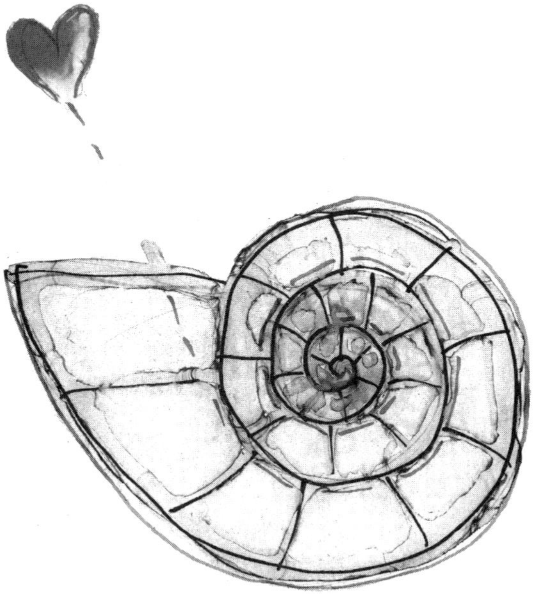

«In der Liebe gibt es einen Moment, wo sie sich selbst genügt, wo sie glücklich ist zu existieren.»

Honoré de Balzac

Was bedeutet Freiheit?

Das Thema Freiheit ist ein überaus schwieriges Thema. Wir sollten es deshalb etwas fokussieren. Es geht jetzt nicht um politische Freiheit in einem diktatorischen System, das mitunter nicht einmal Meinungs- und Redefreiheit gewährt. Ich möchte die Freiheit von uns Menschen jetzt nur von der Seite des Individuums her betrachten. Kann ein einzelner Mensch überhaupt frei sein? Natürlich unterliegt er während seines Lebens vielen Zwängen und Abhängigkeiten. Das beginnt für das Kind schon mit der Schul*pflicht.*

Später kommen dann die Abhängigkeiten und Zwänge in der Ausbildung und im Berufsleben hinzu. Es ist offensichtlich, dass unsere Freiheit eingeschränkt ist, weil jeder Erwachsene den Lebensunterhalt für sich selbst, seine Familie und seine Kinder, sofern er welche hat, verdienen muss.

Selbst ein Freiberufler, ein Selbständiger, ist nicht wirklich frei.

Ein Freiberufler ist zwar nicht bei einer Firma oder Behörde angestellt, er ist sein eigener Chef; aber damit ist er nicht wirklich frei, denn er muss sich um seine Kunden kümmern und sie zufrieden stellen, damit seine Rechnungen dann auch bezahlt werden. Seine berufliche «Freiheit» führt für ihn als Selbständigen meist auch zu einem Verlust an sozialer Absicherung, er bekommt keinen bezahlten Urlaub wie ein Angestellter und kein dreizehntes Monatsgehalt. Im Krankheitsfall erhält er nicht weiterhin ein «Gehalt» überwiesen wie ein Angestellter. Die meisten Menschen, von wenigen Ausnahmen abgesehen, leben acht bis zehn Stunden täglich mit beruflichen Pflichten, Einschränkungen und in mehr oder weniger großer Unfreiheit. Wie steht es aber um die Freiheit, wenn die Arbeitszeit beendet ist? Dann beginnt die Freizeit. Sind wir dann wirklich freie Menschen?

Wer in seiner Freizeit Dinge unternimmt, die andere von ihm erwarten, ist auch nicht wirklich frei.

Wenn du Erwartungen anderer erfüllen musst, wird auch das zur Verpflichtung. Deshalb sollte man solchen Erwartungen möglichst aus dem Weg gehen, sich von ihnen frei machen. Aber ich denke noch an etwas anderes: Ist der Mensch in sich selbst frei? Ist er frei von seinem Ego und Selbstbild? Ist er frei von seinem Über-Ich? Wer ist Herr in seinem eigenen Haus? Hat das Denken die Oberhand oder nicht? Deine Gedanken können dich unfrei machen, darauf möchte ich hinaus.

Kann man das Denken in der Freizeit reduzieren? Geht das überhaupt? Wäre das sinnvoll?

Ich weiß, dass das Denken bei den meisten überaus beliebt ist. Für viele ist es deshalb unvorstellbar, dieses Werkzeug aus der Hand zu geben und an einen Nagel zu hängen, sobald es nicht mehr gebraucht wird. Vielleicht sollten wir einmal vom Loslassen sprechen. Lass das Denken einfach los. Das ist doch recht einfach: Wenn du draußen in der Natur bist und einen Sonnenuntergang beobachtest, dann ist das für dich ein sinnliches Erlebnis, direkt verbunden mit deiner Seele; das ist wunderschön und faszinierend. Das Denken tritt dann zurück, das ist sehr wohltuend. Oder schwatzt euer Denken sogar dabei noch ständig weiter?

Bei manchen vielleicht schon, aber bei vielen wohl eher nicht. Es fällt dann recht leicht, das Denken loszulassen. Ich hoffe, ihr kennt das aus eurem eigenen Erleben. In solchen Momenten hat man das Gefühl von Freiheit und Leichtigkeit, du fühlst dich leichter, und Glücksempfindungen stellen sich ein, ein mitunter so starkes Gefühl, dass man die ganze Welt umarmen möchte.

Freiheit und Glück gehören zusammen. Wir sind beim seelischen Erleben, das in solcher Freiheit besonders intensiv ist. Es gibt also Freiheit jenseits unseres Denkens, jenseits des Berufsalltags und jenseits der Erwartungen unserer Mitmenschen an unsere Person.

Und wie ist es mit der Liebe? Ist sie auch frei? Oder bedeutet sie ein Gefangensein in unseren Liebesgefühlen?

Du bist in deinem Denken gefangen, sofern du es nicht loslassen kannst. Da Liebesgefühle aber nichts mit dem Denken zu tun haben, sind sie ein seelisches Erleben und somit frei.

Ja, aber die Liebe zu einem Menschen führt doch dazu, dass du Erwartungen an die Liebesbeziehung hast und ebensolche Erwartungen vom Partner an dich gestellt werden.

Du sprichst von der Partnerschaft; ich meine jedoch die erotische Liebe oder auch die generelle Liebe, darauf möchte ich später noch einmal eingehen. Die Liebe zu einer Frau oder einem Mann beginnt in der Freiheit der Gefühle. Deshalb ist sie so schön, und genau deshalb fühlen sich Verliebte so glücklich.

Die Partnerschaft kommt danach, wenn das Denken Regeln aufstellt, Erwartungen produziert und über Regeln diskutiert. Dann wird die Freiheit wieder eingeschränkt, und das schafft Abhängigkeiten und Verpflichtungen. Ich weiß, jetzt meinen viele, dass das doch ganz normal sei, dass es eben nicht anders sein könne, weil sonst keine Ehe funktionieren könne. So rechtfertigt das Denken ohne Unterlass das, was dann mit der Liebe und Erotik bei Verliebten geschieht. Es wird ein Zaun errichtet, und die Liebe wird vom Denken eingekreist, umzingelt und nach und nach in den Rahmen der Ehe gezwängt. Das Denken übt Zwang aus, und seelische Freiheit wird mehr und mehr beschnitten. Liebe und Erotik brauchen aber den Sauerstoff der Freiheit, um sich entfalten zu können. Das ist keine

Erfindung von mir, es ist eine grundlegende und elementare Tatsache. Wer sie nicht beachtet, dessen Erotik und Liebe sind leider zum Sterben verurteilt.

Bist du gegen die Ehe?

Ich sehe, was die Ehe aus Liebespaaren macht. Eine Ehe könnte aber auch so geführt werden, dass Erotik und Liebe blühen können. Die Freiheit muss dann erhalten bleiben. Unter solcher Freiheit verstehe ich nicht «freie Ehe» im Sinne von, «jeder kann mit jedem Sex haben, und keiner nimmt es dem anderen krumm»; nein, das ist nicht gemeint. Wenn Erotik und Liebe blühen, dann gibt es keinen Seitensprung oder ein Fremdgehen, wie das so seltsam genannt wird.

Warum sollte ein Mann, der voller seelischer Erotik und Liebe für seine Frau fühlt, fremdgehen? Dafür besteht kein Anlass. Wenn aber Erotik und Liebe innerhalb der Ehe erloschen sind, dann besteht dafür sehr wohl ein Anlass.

Freiheit bedeutet sehr viel. Sie ist das höchste Gut überhaupt. Sie ist noch höher zu bewerten als die Liebe. Ich weiß, viele gehen davon aus, dass die Liebe das Allerwichtigste sei. Sie gilt auch in den christlichen Religionen als das oberste Prinzip bis hin zur Äußerung Jesu, «liebe deine Feinde», als das größte aller gottgefälligen Gebote. Die christliche Nächstenliebe, die Liebe zu Gott, so wurde und wird gepredigt, sei das Bedeutungsvollste in einem Menschenleben.

Wenn ich aber genauer hinschaue auf unser Menschenleben, so komme ich zu der Auffassung, dass die Freiheit noch bedeutungsvoller ist. Liebe kann ohne Freiheit nicht blühen. Ich meine die seelische Freiheit, nicht eine Freiheit im Politischen oder Beruflichen, wo wir alle mehr oder weniger mit Einschränkungen zurechtkommen müssen. Seelische Freiheit ist erforderlich, um Liebe und Erotik entstehen zu lassen. Ohne sie können sie nicht einmal im Ansatz entstehen. Was nicht entstanden ist, kann auch nicht erhalten werden.

Viele Ehen werden ohne entstandene Liebe geschlossen. Eine Frau sagte mir gestern: «Ich bin meinem Mann seinerzeit begegnet, es hat sich einfach so ergeben, dass wir zusammenkamen, aber geliebt habe ich ihn nie. Ich fand ihn sympathisch, das schon, und er wurde auch von meinen Eltern akzeptiert, weil er fleißig und rechtschaffen ist. Aber heute weiß ich, dass Liebe etwas ganz anderes ist. Ich habe mich selbst befreit und damit von diesen ganzen Konventionen verabschiedet.» Das ist doch sehr interessant. Wie denkt ihr darüber?

Über den Zusammenhang von Freiheit und Liebe habe ich mir bisher noch keine Gedanken gemacht. Dass etliche heiraten, weil es sich einfach so «ergeben» hat, das kenne ich aus meinem Bekanntenkreis auch. Solche Ehen nenne ich Kameradschaftsehen, man bildet ein Team im gemeinsamen Lebenskampf. Auch ohne Liebe ist ein solches gutes Team ja möglich.

Klar, das ist möglich, das ist dann eine Interessengemeinschaft; das Denken hat sie gebildet. Und viele meinen ja auch, was das Denken zusammenführt und für richtig hält, das sei dann gut. Ich gehe aber immer der Frage nach: Kann ich so glücklich leben? Kann ich ohne Liebe glücklich leben? Und da sage ich nein.

Wie kann ich die Liebe leben, um glücklich zu sein? Wie kann ich mein Dasein in Freude, Glück und Liebe entfalten? Deshalb sollte ich mich mit der Freiheit befassen. Zuerst kommt die Freiheit meiner Seele, danach erst kommen Erotik und Liebe. Weil die Freiheit zuerst kommt, die diese Voraussetzungen schafft, deshalb ist sie das Wichtigste überhaupt.

Generelle Liebe

Wie ihr aus unseren Gesprächen und meinen Büchern wisst, bezeichne ich die erotische Liebe zwischen Frau und Mann als spezielle Liebe. Das dient der Unterscheidung von der generellen Liebe. Beide sollten voneinander im Sprachgebrauch unterschieden werden, denn sonst entsteht Verwirrung in der Kommunikation. Der Begriff «Liebe» wird ohne eine solche Unterscheidung sehr schnell zu einem sehr unklaren Wort.

Ich habe beobachtet, dass viele Paare von Liebe sprechen, sich als liebende Menschen bezeichnen, obwohl sie ihren Ehepartner nicht mehr lieben oder sogar noch nie geliebt haben. Sie fühlen sich dennoch zu Recht *liebesfähig*. Das hat folgenden Grund: Sie lieben ihr Haustier, sie lieben Rosen und die Berge und den Sonnenaufgang am Morgen. Solche Liebesfähigkeit darf man ihnen also keinesfalls absprechen, nur weil sie ihren Partner oder ihre Partnerin nicht mit dieser speziellen Liebe lieben.

Die generelle Liebe zur Natur und den Erlebnissen in der Natur bewerte ich sehr positiv. Ich hatte – wie berichtet – das Glück, meine Kindheit in der Natur verbringen zu können. So war ich täglich nach der Schule in unserem Garten, saß am Fluss oder schaukelte mit dem Boot auf den Wellen; das waren wunderbare Stunden der Selbstvergessenheit im Schauen auf das Wasser, im Lauschen auf das raschelnde Schilf und im Spüren der Sonnenstrahlen auf der Haut. Alle Sinne waren geöffnet, und die Wahrnehmung durchströmte die Seele bis in jede einzelne Körperzelle. In dieser Aufmerksamkeit und in solchem Erleben war das Denken ganz still. Es breitete sich in der Seele eine große Verbundenheit mit allem aus, eine wunderbare Ruhe, innere Stille, Schönheit und Glückseligkeit.

Es gab kein Ego, das etwas beweisen oder erreichen wollte. Es war alles absolut vollkommen in der Gegenwart, so wie es ist. Das ist sinnliches Erleben in Verbindung mit Seele und Körper. Ich nenne das Sensitivität. Das völlige Aufgehen in der Realität des Augenblicks, losgelöst vom Denken. Das Ich löst sich auf, dafür passt das Wort «Selbstvergessenheit». Du vergisst dein Selbst, dein Ich.

Es gibt dann um dich herum nur noch das, was jetzt ist. Du bist aufmerksam, wach, präsent, aufnehmend, lässt dich von dieser Energie durchströmen und bist erlebend in der Gegenwart. Das, was ist, kann dann seine Energie entfalten, die du fühlen wirst. Das ist mit Worten nur schwer auszudrücken. Deshalb schrieb Rainer Maria Rilke in seinem Gedicht: «Die Dinge singen hör' ich so gern». Du lauschst dem Klang der Dinge und schaust ihre Farben und ihr Licht- und Schattenspiel. Das nenne ich *generelle* Liebe zu dem, was uns umgibt. Die Energie des Lebens ist anwesend, und sie wird dich berühren. Du bist verliebt in die Natur, in alles, was gerade geschieht, du bist in Liebe dazu geöffnet, so erreicht dich *generelle* Liebe. Sie ist eine Energie, die durch alles hindurchgeht. Diese Energie ist gebend. Du bist empfangend und verliebst dich in diesen Augenblick.

Diese Energie, wenn du sie fühlst, ist Liebe; du spürst, dass du geliebt wirst, und gibst deine liebende Aufmerksamkeit, deine Sensitivität: Du gibst dich dieser Energie hin. In solchen Momenten bist du in genereller Liebe zum Leben, zum Dasein, zu deinem Sein.

Das können Kinder erleben, obwohl sie noch keine sexuellen Triebbedürfnisse kennen. Sie sind liebesfähig, obwohl die Sexualität noch einige Jahre bis zur Entwicklungsphase der

Pubertät auf sich warten lässt. Aus dieser Sensitivität erwächst dann später ihre Fähigkeit zu erotischer Liebe zu einer Frau oder einem Mann. Deshalb ist eine freie und glückliche Kindheit von so großer Bedeutung.

Ich denke, dass klar geworden ist: Zuerst kommt in unserer Entwicklung die generelle Liebe, daraus geht die *spezielle* Liebe der beiden Geschlechter zueinander hervor. Obwohl beides zusammenhängt, sollte man es dennoch sprachlich voneinander trennen. Sofern die spezielle Liebe zwischen Frau und Mann in deinem Leben misslingen sollte, bleibt dir trotzdem noch immer diese generelle Liebe.

Wenn die christlichen Religionen von Nächstenliebe und sozialer Caritas sprechen und schreiben, dann wird an das Denken appelliert, das wird von ihnen als allgemeine Menschenliebe bezeichnet. Ohne Frage besitzt sie eine hohe humanistische Wertigkeit. Das Denken kann viele solcher Ideen und Ideale entwickeln und Normen der Humanität vorgeben. Das machen christliche Regionen. Und wer sich dem anschließt, begibt sich ins Denken, das jedoch muss nicht zwangsläufig etwas mit dieser von mir gemeinten generellen Liebe zu tun haben.

Soziales Denken und Handeln aus dem Geist (Gehirn) ist das eine, doch ein Handeln aus sensitivem Erleben ist etwas ganz anderes. Ist das verständlich oder vielleicht eher unverständlich?

Du sagst, dass es generelle Liebe seelisch gibt und noch eine andere generelle Liebe aus dem Kopf. Und dann gäbe es außerdem noch die spezielle Liebe zwischen Mann und Frau. Das alles klingt für mich sehr verwirrend.

Es geht mir nicht darum zu verwirren, sondern darum zu entwirren. In der Kindheit entsteht zuerst die generelle Liebe zur Natur, zu den Menschen, zu den Tieren und Pflanzen, zum Sonnenstrahl, zum Regen und den Wolken und zum Windhauch auf der Haut. Das ist sensitives Erleben, und daraus entsteht die generelle Liebe zum Leben.

In der Pubertät kommt dann etwas ganz Neues hinzu: Sexualität zwischen Frauen und Männern. Das Grundprinzip der speziellen Liebe bezieht die Sexualität ein in die Energie der Liebe, diese wurde indes schon viel früher erfahren und erlebt oder von manchen leider auch nicht. Die generelle Liebe verbindet sich mit der nun auftauchenden speziellen Liebe. Wenn das nicht geschieht, dann bleibt diese neue mögliche spezielle Liebe in der Sexualität stecken; dann geschieht Sex um des Sexes willen. So vollzieht sich das leider millionenfach. Ich erzähle euch keine erfundenen phantastischen Geschichten, um euch zu verwirren; das hätte doch keinen Sinn.

Noch einmal mit anderen Worten gesagt: Die generelle Liebe geschieht am Anfang. Danach kommt die spezielle erotische Liebe hinzu. Davon unabhängig existiert natürlich die generelle Liebe weiter. Es ist doch verständlich und auch gut so, dass das so ist; das schmälert die spezielle erotische Liebe nicht, das ist keine Kritik an ihr. Die erotische Liebe fügt sich als ein Teil in diese Ganzheit ein. Wird es nun klarer?

Ganzheit? Ist die spezielle Liebe nur ein Teilaspekt solcher Ganzheit?

Natürlich ist sie das. Schau doch genau hin. Damit wird die spezielle erotische Liebe zwischen Frau und Mann nicht abgewertet, sie wird nur im Gefüge dieses Ganzen an ihren Platz gestellt. Die generelle Liebe ist am Anfang unserer Entwicklung, in der Kindheit und Jugendzeit in Sensitivität erlebt, voller Schönheit. Danach kommt die Sexualität als etwas Neues hinzu. Davon unabhängig existiert die generelle Liebe weiter; sie ist das Umfassendere. Sie gibt uns die Kraft und Energie, eine spezielle Liebe zwischen Frau und Mann wieder loslassen zu können, sobald eine Trennung erfolgt.

Zwei Menschen haben schließlich zwei Köpfe und zwei Seelen, deshalb ist eine Trennung etwas, womit du stets rechnen solltest. Die Erfahrung der generellen Liebe ist kein Liebesverhältnis mit deinem Kopf, also deinem Denken, sondern nur mit deiner Seele. Sie überdauert also. Sie ist beständig und bleibt bei dir, sie verlässt dich nicht.

Glücksgefühle sind Sternstunden unseres Lebens

Was geschieht, wenn wir uns glücklich fühlen, und was ist dem vorausgegangen? Ich halte es für spannend, diesen Fragen einmal nachzugehen. Wie ist eure Erfahrung mit Glücksgefühlen?

Ich denke, als Erstes sollte man zwischen dem unterscheiden, was Glück bedeutet, und dem, was Glücksgefühle sind. Wenn man Erfolg hat oder in der Lotterie gewinnt, dann spricht man von Glück. Aber es macht nicht wirklich glücklich. Glücksgefühle kann man auch ohne einen Erfolg oder einen Gewinn empfinden.

Das menschliche Leben konfrontiert uns als Erwachsene mit zwei besonders wichtigen Bereichen – dem Berufsleben und der Partnerschaft oder Ehe. Wenn jemand einen Beruf ausübt, der ihm Freude bereitet, den er vielleicht sogar liebt, dann wird gesagt, er könne sich «glücklich schätzen». Ist auch der zweite Bereich, die Partnerschaft, von Liebe geprägt, dann kann er sich doppelt «glücklich schätzen». Die meisten Menschen verdienen allerdings ihren Lebensunterhalt mit einer Tätigkeit, die sie nicht lieben, und führen eine Partnerschaft, in der die erotische Liebe nur kurze Zeit andauert oder gar nicht erblühen konnte.

Davon unabhängig gibt es noch einen dritten Bereich, der zu Gefühlen des Glücklichseins führt. Dieser Bereich ist unabhängig von einem Haben. Beruf und Partnerschaft gehören zum Haben: Ich habe einen Beruf, der mir Entfaltungsspielraum bietet, oder habe ihn nicht. Ich habe eine Partnerschaft, in der ich mich geborgen und angenommen fühle, oder habe sie nicht. Wenn ich das noch nicht erreicht habe, dann strebe ich danach, und das Denken beschäftigt sich damit, wie das in Zukunft erreicht werden kann. Deshalb ist das Denken der meisten Menschen mit dem Streben beschäftigt, glücklich zu werden. Ihr Glück liegt in der Zukunft: Wenn ich dieses und jenes erreicht habe, dann werde ich glücklich sein.

Der dritte Bereich, den ich andeutete, kommt indes nicht aus dem Streben des Denkens. Schon Kinder erleben ihn. Ein Kind hat noch keinen Beruf und noch keine erotische Partnerschaft und erlebt dennoch wunderbare Glücksgefühle. Ich möchte euch als Beispiel darüber etwas aus meiner Kindheit berichten. Das mache ich nicht, weil ich mich selbst in den Mittelpunkt stellen möchte, sondern weil es meines Wissens keine psychologischen Untersuchungen über die Glücksgefühle von Kindern gibt, die ich zitieren könnte.

Ich erinnere mich an einen Nachmittag im Spätsommer, als ich acht Jahre alt war. Etliche Freundinnen und Freunde waren zu mir in «meinen» Garten gekommen. Wir saßen auf der Wiese am Fluss und alberten herum. Dann spielten wir Verstecken. Einer wurde ausgelost, der bis fünfundzwanzig zählen sollte, das Gesicht mit verbundenen Augen zum Baumstamm gerichtet. Während er zählte, versteckten die anderen sich schnell. Wen er zuletzt oder gar nicht fand, der oder die hatte gewonnen und durfte den Nächsten auswählen, der mit dem Gesicht zum Baumstamm bis fünfundzwanzig zählen sollte, während die anderen sich versteckten. Wir spielten dieses Spiel voller Enthusiasmus. Es war ein toller Spaß, schnell irgendwohin zu laufen und sich so zu verstecken, damit man nicht so rasch gefunden werden konnte.

Während wir uns diesem Spiel gemeinsam hingaben, wurde ich herrlich präsent in der Gegenwart. Das warme Licht der spätsommerlichen Sonne durchflutete meine Seele. Mein kindlicher Körper vibrierte voller Bewegungslust. Sich verstecken war spannend; gefunden zu werden war zwar enttäuschend, aber auch lustig und von schreiendem Fluchen begleitet. In mir wurde alles zu einer Ganzheit, der Körper war aktiv, die Luft war zart, mild und warm, die Sonne warf Schatten, ich zwängte mich in Gebüsche oder verkroch mich im Schilf am Fluss oder zwängte mich durch den Zaun auf das Nachbargrundstück. Die Schreie derjenigen, die gefunden wurden, und das Jauchzen derer, die nicht gefunden wurden; das war ein Erleben, an dem alle Sinne beteiligt waren. Dabei durchströmte mich ein sehr intensives Glücksgefühl. Alles wurde intensiv erlebt mit dem Körper, den sehr vielen Wahrnehmungen unserer Kommunikation, verbunden mit der Lust an der Bewegung. Alles wurde rund und verschmolz zu einer Einheit. Wir tollten so bis zum Abend herum, bis wir erschöpft waren und die Ersten nach Hause laufen mussten, weil die Eltern mit dem Abendessen auf sie warteten.

Dieser Spätnachmittag war unbeschreiblich schön. Meine gerade gegebene Beschreibung kann mit Worten nur andeuten, wie es war, dass ich mich glücklich fühlte.

Ein anderes Erlebnis soll verdeutlichen, dass man auch ganz allein solche Glücksmomente erleben kann. Ich saß mit etwa neun Jahren im Garten an einen Baumstamm gelehnt und schaute und lauschte auf alles, was um mich herum geschah. Das war eigentlich nicht viel: Die Blätter in der Baumkrone vibrierten im Wind, ab und zu flatterte ein Schmetterling vorbei. Zwei Libellen verfolgten sich gegenseitig über dem Schilf. Ein Vogelzwitschern wehte herüber aus einem anderen Baum. Eine Hummel flog brummend vorüber, und eine Ameise lief über meine Hose. Ich schaute auf alles und lauschte den Geräuschen. Von Ferne hörte ich einige Nachbarn miteinander schwatzen.

Die Zeit verging, wenn ich auch kein Zeitempfinden hatte. Die Schatten wurden länger, und die Luft wurde ganz leicht kühler auf meiner Haut. Es gab keine Gedanken, nur mein Eingetauchtsein in diese Gegenwart. So geschahen Selbstvergessenheit und seelische Zeitlosigkeit, verbunden mit allen geöffneten Sinnen, die alles wahrnahmen, was geschah. Das Erleben solcher Ganzheit in Verbindung mit dem Außen, mit der Einheit aller meiner Sinne führte zu einer großen inneren Ruhe und Glückseligkeit. Ich kannte natürlich damals noch nicht das Wort «Meditation». Es genügte mir völlig, dass ich mich glücklich fühlte, das musste nicht durch ein Wort ein Etikett verpasst bekommen. Meiner Mutter brauchte ich beim Abendbrot auch kein Wort davon zu sagen. Sie spürte, dass ich glücklich zurück ins Haus kam. Das genügte ihr völlig.

Ich hätte ihr auch mit meinem damaligen Wortschatz nicht erklären können, warum ich einen so glückseligen Nachmittag erlebt hatte. Ich hätte es nicht in Worte fassen können. Stattdessen versuchte ich es in der Grundschule im Malunterricht – so sagte man damals auf der Dorfschule (nicht Kunstunterricht) – in Aquarellen wiederzugeben, was mir natürlich nicht gelang, doch das enttäuschte mich nicht sonderlich.

Erst viel später, als ich erwachsen wurde und an der Universität Tübingen Psychologie studierte, hörte ich die Worte «Meditation», «Glücksgefühl», «Seinserfahrung», «Seelenleben» und «Authentizität». Nachträglich konnte ich dann den Glücksgefühlen meiner Kindheit ein solches dürftiges Etikett verpassen, einen Namen mit einem oder auch mit mehreren Worten. Das ist nicht falsch, denn es dient der Kommunikation mit anderen.

Mich interessierte aber weiterhin das intensive Erleben des Glücks als solches. Es ist verständlich, dass wir Menschen uns glücklich fühlen wollen. Aber warum gelingt es uns trotzdem so selten, vor allem nach der Pubertät, wenn wir erwachsen werden? Das interessierte mich viel mehr als Wörter und Fachbegriffe.

Ich fand bei dem Dichter Rainer Maria Rilke darüber viel mehr in seinen Gedichten als in der Literatur der wissenschaftlichen Psychologie an der Uni, die sich an Methoden der Physik zu orientieren versuchte, indem sie Messbarkeit, Quantifizierung, Statistik und Berechenbarkeit in den Vordergrund der Forschung rückte.

Heute weiß ich zwar, dass die Glückseligkeitserlebnisse meiner Kindheit Meditation genannt werden können. Indes, auch dieses Wort «Meditation» wird sehr facettenreich gebraucht und oft auch falsch angewendet. Für mich ist Meditation keine Methode, die man erlernen und dann praktizieren kann. Von vielen Gurus wurde der Begriff Meditation missbraucht. Sie haben daraus ein Geschäft gemacht: Zahle mir einen Geldbetrag, und ich gebe dir dafür ein persönliches Mantra oder eine Yoga-Stellung, damit du zur Meditation gelangst, die dich glücklich machen wird. Das ist Unsinn und ein Missbrauch, der mit dem schönen Wort «Meditation» getrieben wird. So wurde das Wort von vielen leider belastet und kann eigentlich gar nicht mehr verwendet werden, ohne falsche Assoziationen hervorzurufen.

Deshalb ist ein Wort eben nur ein Zugeständnis an das

Denken, das nun mal Wörter braucht, um zu kommunizieren. Aber gleichgültig, wie das Wort auch lautet, man kann erlebte Glückseligkeit leider nur schwer oder gar nicht mit Worten kommunizieren.

Rilke hat es versucht, Hesse hat es auch versucht wie viele andere große Dichter. Viele Maler und Musiker haben es ebenfalls versucht. Wenn sie die Seele der Menschen berühren, dann können sie etwas wachrufen. Das ist mehr, als die Wissenschaft bisher vermochte.

Deshalb ist es mir so wichtig, euch auf das Erleben hinzuweisen. Erlebt es selbst: Es gibt eine Glückseligkeit im Dasein, jenseits von Beruf und Partnerschaft. Erlebt sie in Ganzheit mit eurem Körper und eurer Seele. Lasst euch einfach mit voller Ganzheit eures Selbst in die Gegenwart fallen und lasst euch darauf ein. Dann erhaltet ihr das Geschenk des Lebens, das ich *Glückseligkeit* nenne, das manche auch Meditation nennen. Dann schweigt das Denken, und es bedarf zunächst auch keiner Worte mehr. Die Schönheit und Erotik der Lebendigkeit und des Daseins entfalten sich jenseits des Denkens und aller Worte. Wenn es mir gelungen sein sollte, das verständlich zu machen, dann wäre das schon viel. Es geht indes dabei nicht um mich, es wäre vor allem für euch schön, weil ich euch solche Stunden der Glückseligkeit wünsche. Ich kann sie euch nicht mit meinen Worten geben, obwohl ich das gern täte, aber leider ist das nicht möglich.

Erotik ist Energie des Lebens

Die Fähigkeit, Freude zu erleben und den Augenblick zu genießen, wird in der Kindheit angelegt. Deshalb hatte Sigmund Freud Recht, wenn er den Erlebnissen in der Kindheit große Bedeutung für die Entwicklung der Persönlichkeit beimaß. Eine glückliche Kindheit ist von unschätzbarem Wert, sowohl für die spätere seelische Gesundheit als auch für die Entfaltung der Erotik und Liebesfähigkeit. Es geht dabei um die Öffnung aller Sinne im Kontakt mit der eigenen Seele.

Was macht man aber, wenn man eine unglückliche Kindheit hatte? Kann man als Erwachsener in der Kindheit Versäumtes später nachholen?

Eine unglückliche Kindheit ist im Gedächtnis gespeichert. Es ist positiv, wenn das nicht verdrängt wird, sondern ins Bewusstsein kommen kann, dann kannst du dich davon lösen, denn jeder Tag ist ein neuer Tag. Wenn dir das bewusst wird, dann wird dir das die große Bedeutung des gegenwärtigen Augenblicks deutlich machen. Es ist entscheidend, was jetzt ist. Die Wirklichkeit ist immer jetzt, sie ist nicht gestern und auch nicht morgen. Deshalb gilt es, stets ganz und gar gegenwärtig zu sein, das heißt, aufmerksam und wach zu sein. Aus solcher Bewusstheit heraus kann dich die Energie des Lebens berühren und dir diese besondere Freude vermitteln, die man nirgendwo kaufen kann. Dort sind Erotik und Liebe zu finden, nicht in deinem Kopf, nicht im Denken und auch nicht im Gedächtnisspeicher.

Was ist das für eine Art von Energie? Davon habe ich noch nie etwas gehört.

Ich nenne es Energie, du kannst es auch Wirklichkeit oder Ganzheit des Augenblicks oder Schönheit oder Lebensfluss oder das mit üblichen Worten Unbeschreibbare nennen. Es gibt kein eindeutiges allgemeines Wort dafür. Rilke sprach in seinem Gedicht von den «singenden Dingen», denen er lauscht, die über seine Sinne die Seele berühren. Es ist die Erotik des Daseins, und du bist mittendrin. Das Denken hat keinen Zugang zu dieser Energie der Lebenserotik. Dein Denken will vielleicht danach streben, will es gezielt in Besitz nehmen; das geht jedoch nicht. Das Denken möchte vergangene schöne Stunden solchen Berührtseins vom Lebendigen erneut herbeiplanen, denn es sucht strategisch nach Wiederholung. Dann aber entzieht sich diese Energie. Lebensfreude und erotische Glückseligkeit lassen sich nicht planend als Wiederholung erstreben.

Jeder Tag ist neu, jeder Augenblick ist neu, das ist das Schöpferische des Daseins. Diese erotische Lebensenergie ist die Schöpfung selbst, ich finde kein anderes Wort dafür. Dieser Energiestrom ist nur im Augenblick, in der Gegenwart erfahrbar. Im Gedächtnis ist er nicht zu finden; im Gedächtnis befindet sich nur Totes, damit brauchst du dich nicht zu befassen. Im Gedächtnisspeicher ist alles Alte, im gegenwärtigen Leben geschieht hingegen Neues, dort ist diese Energie lebendig, diese Kraft, die die einzige Wirklichkeit ist; du kannst sie auch Wahrheit nennen.

Es wird viel über Wahrheit diskutiert. Was ist die wahre Liebe, was ist mein wahres Ich, wo ist wahres Glück? Liebe, Ich und Glück kannst du nicht im Denken finden und auch nicht in Theorien und Spekulationen, die das Denken konstruiert. Das kann dir auch kein anderer geben. Frage keinen anderen, auch nicht mich. Wenn wir unsicher sind, dann neigen wir dazu, andere zu fragen, einen Lehrer, einen Pastor, einen Philosophen oder einen spirituellen Meister. Wir sehen in ihnen Autoritäten, die scheinbar mehr wissen als wir selbst. Diese Autoritäten haben vielleicht viel Wissen in ihrem Kopf abgespeichert, aber dieses Wissen ist für dich zumeist wertlos. Sie vermitteln dir vielleicht etwas von *ihrem* Wissen, aber das richtet sich an deinen Intellekt und an das Gedächtnis. Du merkst dir, was sie sagten, und denkst anschließend darüber nach. Doch dort wirst du nicht das finden, wovon ich hier immer wieder geredet habe.

Da sehe ich einen Widerspruch. Du hast uns doch auch Gedanken und Wissen vermittelt.

Was ich mit Worten beschrieben habe, ist nicht das Wesentliche. Nur was hinter den Worten für euch in eurer Seele sichtbar wurde, ist das, worauf ich hinweisen wollte. Die Wörter sind nur Impulsgeber dafür, in dir selbst das zu sensibilisieren, worauf es ankommt. Ich sagte nicht, das solltet ihr wissen und als Wissen im Gedächtnis abspeichern. Ihr solltet es prüfen und selbst erleben. Das Sprechen mit Worten über erotische Energie ist nicht die Erotik selbst, die nur in dir erblühen kann. Worte über die Liebe sind nicht die Liebe, die in dir entsteht. Liebe hält sich nicht in Worten auf, sie ist dort, wo die Dinge singen. Nur in dir selbst kann sie sich ereignen, darauf wollte ich hinweisen und dafür wollte ich die Bahn frei machen und die vielen Stolpersteine wegräumen. Deshalb sagte ich, dass Erotik und Liebe nur jenseits des Denkens Wirklichkeit werden können.

Dein Denken ist strategisch ausgerichtet, es will besitzen und aufbewahren. Das ist der falsche Weg. Aber es nützt nichts, wenn ich das sage, solange du nicht selbst erkennst, dass die Energie in der Wirklichkeit nur mit den Sinnen und der Seele empfangen werden kann. Öffne deine Sinne und die Seele; das kannst du nur selbst tun; ich kann das nicht für dich übernehmen. Diese Energie kann ich nicht mit Worten herbeizaubern, auch wenn ich es wollte. Es ist dein Leben, und es geht um deine Erotik und Liebe.

Was ich euch vor Augen führte, waren immer wieder nur Beispiele, wie es geschieht und wie es dann sein wird. Probiert es aus, erforscht euch selbst und eure Lebendigkeit. Vielleicht wird es dann auf euch zukommen. Diese Energie ist da, sie wartet nur darauf, von euch entdeckt zu werden. Dann geht sie von selbst auf euch zu. Sobald ihr sie aber festhalten möchtet, entzieht sie sich.

Darin liegt das Geheimnis der Erotik. Sie kommt dann, wenn du sie nicht erwartest oder gar mit dem Denken herbeizwingen möchtest. Sie ist frei. Sobald du selbst frei von Gedanken, Wünschen, Ideen oder Erwartungen im Augenblick präsent bist, ist sie da und ereignet sich.

Manche sagen, Liebe sei eine Sache der gedanklichen Einstellung, man könne sich darauf einstellen, liebend zu sein. Das mag auf die generelle Liebe, die karitativ-soziale Liebe teilweise zutreffen. Die erotische Liebe ist jedenfalls keine Sache der Einstellung. Sie braucht die Aufmerksamkeit deiner in der Gegenwart geöffneten Seele, sie braucht die Luft zum Atmen, nur dieser Sauerstoff entfacht die Flamme und lässt sie brennen. Das Denken entzieht den Sauerstoff und erstickt die Flamme.

Das ist das besondere Phänomen der Erotik, sie hat nur indirekt mit Sexualität zu tun. Wir haben darüber gesprochen: Sex kannst du kaufen. Erotik ist die besondere Verbindung mit der Energie der Liebe, sie kannst du nicht kaufen. Diese Energie kommt in Freiheit zu dir, wenn du dich seelisch in der Gegenwart öffnest, frisch und neu bist und alles Alte hinter dir lässt. Es geschieht nur jetzt, in diesem Augenblick. Damit sage ich nicht, dass es nur einige Sekunden dauert und dann wieder weg ist. Wenn du damit in Berührung kommst, gibt es keine Zeitbegrenzung, denn was dann anwesend ist, ist zeitlos. Sobald sich dein Denken einschaltet und davon Besitz ergreifen möchte, zieht es sich zurück und endet. Es endet aber nicht endgültig, sondern nur so lange, wie dein Denken sich einmischt.

Es gibt also eine Energie jenseits des Denkens, und nur dort entfalten sich Freude und Glückseligkeit und die Schönheit des Daseins. Wenn ich euch das sage, gewinnt das nur an Bedeutung, sofern ihr euch selbst öffnet. Dann wird Erotik lebendig und ist nicht mehr nur ein Wort. Lebt ein erotisches und intensives seelisches Leben in Freiheit. Ich kann es nicht für euch leben, sondern nur darauf hinweisen und darauf aufmerksam machen. Findet diese Energie des Lebens, die Schöpfung, die Erotik ist, und ihr hört die Dinge singen. Dort ist Liebe zum Leben und zu allem Lebendigen, und dann wird es von euch aus keinen Streit, keine Kämpfe und keine Kriege mehr geben, weil sie dann absurd wären. Lebt intensiv mit allen euren Sinnen in sensitiver Offenheit. Dann gibt es dazu keine Fragen mehr, und die Bedenken des Denkens sind verschwunden. Ein glücklicher Mensch streitet nicht, verurteilt und rechnet nicht, er gibt, ohne von anderen Menschen dafür etwas zurückzuerwarten.

Anhang

Diskussionsforum im Internet

Wenn Sie mit Leserinnen und Lesern dieses Buches diskutieren möchten, dann gehen Sie bitte im Internet auf die Homepage des Autors: www.peterlauster.de. Dort gibt es zwei Diskussionsforen, es können auch Meinungsumfragen zu Themen gemacht werden. Jeder Besucher kann sich außerdem eine eigene Bildergalerie und ein Weblog einrichten. Die Homepage des Autors verzeichnet täglich ca. dreitausend Besucher und monatlich vier Millionen Seitenaufrufe.

S 33/2

Liebe und Partnerschaft bei rororo

Warum wir aufeinander fliegen – und wie wir dabei Bruchlandungen vermeiden

Eric Berne
Spielarten und Spielregeln der Liebe
Psychologische Analyse der Partnerbeziehung
3-499-16848-0

Hassebrauck/Küpper
Warum wir aufeinander fliegen
Die Gesetze der Partnerwahl
3-499-61347-6

Lauster, Peter
Die Liebe *Psychologie eines Phänomens.* 3-499-17677-7

Robin Norwood
Wenn Frauen zu sehr lieben
Die heimliche Sucht, gebraucht zu werden. 3-499-19100-8

Wolfgang Schmidbauer
Die Angst vor Nähe
3-499-60430-2

Wolfgang Schmidbauer
Die heimliche Liebe
Ausrutscher, Seitensprung, Doppelleben. 3-499-61129-5

Hans-Werner Bierhoff/ Elke Rohmann
Was die Liebe stark macht
Die neue Psychologie der Paarbeziehung. 3-499-61669-6

Pepper Schwartz
Vergessen Sie alles, was Sie über Liebe und Sex wissen ...
25 Lügen über die Liebe

3-499-61605-X-5

Weitere Informationen in der Rowohlt Revue oder unter www.rororo.de

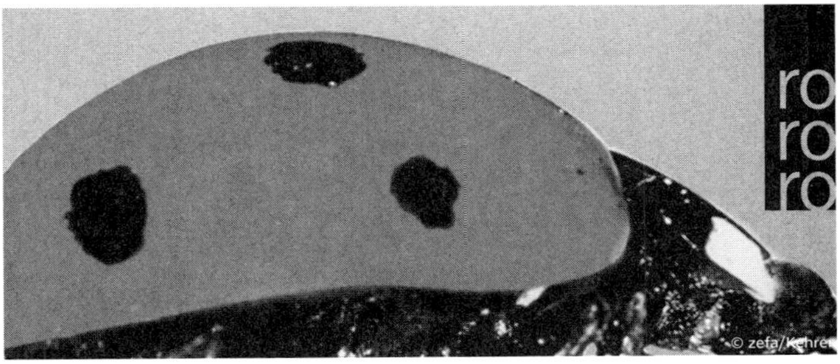
rororo

S 58/2

Stefan Klein
rororo
DIE GLÜCKS-FORMEL
oder Wie die guten Gefühle entstehen